小学体育
课程设计及教学质量提升探索

申映辉/著

山西出版传媒集团

山西经济出版社

图书在版编目(CIP)数据

小学体育课程设计及教学质量提升探索 / 申映辉著
. —太原:山西经济出版社,2020.9
ISBN 978-7-5577-0749-1

Ⅰ. ①小… Ⅱ. ①申… Ⅲ. ①体育课—课程设计—小
学 Ⅳ. ①G623.82

中国版本图书馆 CIP 数据核字(2020)第 138993 号

小学体育课程设计及教学质量提升探索

XIAOXUE TIYU KECHENG SHEJI JI JIAOXUE ZHILIANG TISHENG
TANSUO

著　　者:申映辉
责任编辑:李慧平
助理编辑:姚　岚
装帧设计:马静静

出　版　者:山西出版传媒集团·山西经济出版社
地　　址:太原市建设南路 21 号
邮　　编:030012
电　　话:0351—4922133(市场部)
　　　　　0351—4922085(总编室)
E — mail:scb@sxjjcb.com(市场部)
　　　　　zbs@sxjjcb.com(总编室)
网　　址:www.sxjjcb.com

经　销　者:山西出版传媒集团·山西经济出版社
承　印　者:三河市铭浩彩色印装有限公司

开　　本:787mm×1092mm　1/16
印　　张:13.25
字　　数:237 千字
版　　次:2021 年 5 月　第 1 版
印　　次:2021 年 5 月　第 1 次印刷
书　　号:ISBN 978-7-5577-0749-1
定　　价:68.00 元

前　言

　　体育课程是一门基础课程,是教育的重要手段。小学体育课程是基础性的体育教育课程,是贯彻"素质教育""健康第一""终身体育"理念的起跑线。小学体育课程教学直接关系着儿童的身心健康和成长,体育课能够培养小学生德、智、体、美、劳等综合素质,而儿童的健康和综合素质又关系到国家的未来。我国对小学体育课程进行了多次改革,并出台了《体育与健康课程标准》。小学体育课程经过多次改革后,传统体育教学中的问题得到了一定程度的解决,但还是存在一些缺陷,课程设计质量和教学质量依然处于较低水平,这直接制约了体育课程功能的发挥,制约了对小学生健康体质与综合素质的培养质量。作者在查阅大量相关著作文献的基础上,精心撰写了《小学体育课程设计及教学质量提升探索》一书,以切实为优化小学体育课程设计及提高小学体育教学质量提供科学指导与可行建议。

　　本书共有十章内容。第一章简要阐述体育课程的概念与教学理论,分析体育课程教学及其研究的现状与发展,以对体育课程及其教学现状有基本的了解。第二章探讨小学体育课程科学设计的理论支持,以提高体育课程设计的科学性与有效性。第三章与第四章分别对小学体育课程设计中的硬件建设与软件建设展开研究,硬件建设主要是开发利用体育场地与器材,软件建设中重点分析将民族传统体育引入小学体育课程的价值、可行性及案例,硬件建设和软件建设是小学体育课程设计的两个重点,二者缺一不可,必须给予重视。第五章至第十章着重就小学体育教学质量提升的手段进行研究,分别包括优选教学内容、创新教学方法、改革教学模式、完善教学评价、加强教学管理、提升教师能力等手段,不仅简要阐述了体育教学体系中这些基本要素的理论知识,而且提出了各要素改革创新的建议,能够为完善小学体育课程教学体系、促进小学体育教学质量的整体提升提供有效指导。

　　总之,本书重点围绕小学体育课程设计和体育教学质量提升两个方面展开研究,期望本书能够为促进小学体育课程设计的优化、改善小学体育课程教学质量、指导小学生健康体质及综合素质的科学培养做出贡献。

　　本书在撰写过程中参考并借鉴了很多专家、学者的研究成果,特别鸣谢贵州省申映辉名校长工作室的大力支持,该工作室的成员和领导及学校体育教师在体育教学调研和素材提供等方面给予全力帮助,作者在此表示诚挚的感谢。由于作者水平有限,书中难免有不妥与疏漏之处,敬请广大读者批评指正。

作　者

2020 年 6 月

目　录

第一章　体育课程概述

随着新课改的不断推进,体育课程越来越受关注。体育课程对于提高学生的体质健康水平、促进学生各方面素质的全面协调发展、培养社会主义发展所需的现代化人才具有非常重要的作用,因此要特别重视体育课程建设与体育课程教学。本章主要阐述体育课程的基本理论及其发展,首先解析体育课程的相关概念,其次阐述体育课程教学的基本理论,最后分析体育课程教学的发展现状及其研究。

第一节　体育课程相关概念解析

一、体育与体育学科的概念

体育的含义有以下两层。

第一,体育是以身体练习为基本手段,结合自然因素(日光、空气、水等)和卫生措施,以促进体质健康、丰富社会文化生活为目的的一种社会活动。体育对于促进身体发育和发展、提高心理健康水平、增强社会适应能力、培养综合素质具有重要作用。

第二,体育是在学校教育环境中指导学生学习和掌握体育基本知识与技能,使他们树立体育锻炼意识,拥有体育活动能力和健康体质的教育活动。体育是教育的重要内容,同时也是非常有效的教育手段。

学科是为了教学的需要,把科学的内容适当选择加以排列,使它适合学生身心发展的阶段和学校教育应达到的水平。体育学科是依据教育理论组织起来的体育科学知识体系,它既包括体育科学理论,也包括体育运动实践,是一门理论与实践相结合的、综合性的体育文化科学基础课程。

二、课程的概念

课程是为实现学校教育目标而选择的教育内容的总和,包括学校所教各门学科和有目的、有计划、有组织的课外活动。

三、体育课程的概念

体育课程属于基础学科,它是以身体锻炼为主要特征、理论与实践密切结合、促进身心全面发展的教学课程。

体育课程是一门以身体练习为主要手段,以增进学生健康为主要目的的必修课程,它是学校课程体系的一个重要组成部分,是实施素质教育和培养德、智、体、美全面发展人才必不可少的重要途径。

体育课程既是全面贯彻党的教育方针、进行素质教育的重要组成部分,又是学校的一门必修课程。体育课程是指依据学校教育目标制定的学生在校期间各种体育活动的总体规划及其教育活动,是以发展学生体能、促进学生身心健康和获得终身体育能力为主要目的的教育性课程。

第二节　体育课程教学理论

一、体育课程教学的特点

(一)体育课程教学的一般特点

体育课程教学具有以下几个基本特征。

(1)在户外环境中教学,尤其是体育实践课教学。

(2)身体练习与思维活动相结合。

(3)学生承受一定的身心负荷。

(4)师生双边互动。

(5)实践教学以运动技术教学为主。

(6)频繁的身体接触和人际交往。

(7)需要机体自我操作与体验。

(8)侧重发展学生的身体素质、运动智力等。

(二)小学体育课程教学的特点

小学体育课程教学是体育课程教学的重要组成部分,因此体育课程教学的一般特点同样能够体现在小学体育课程教学中。因为教育对象的特殊性,小学体育课程教学除了具有体育课程教学的一般特点外,还具有自身的专门特征,具体表现在以下三个方面。

1. 儿童化特征

小学体育课程教学面向的是广大儿童,鉴于儿童身心发展的特殊性,在体育课程教学中要打破传统教学模式,通过教学方式的变革来提高学生学习的积极性。面对不同学龄的学生,要以他们的身心特征和实际需要为依据来安排体育教学,将他们学习体育知识和参加体育活动的热情调动起来,使他们保持积极的学习态度。小学体育教师要从教学目标、教学任务出发,做好正确的教学指导和引领,教学方式要灵活多变,避免小学生因学习情绪低落、学习热情减退而影响最后的学习效果。

儿童的记忆方式主要是机械记忆,思维方式主要是形象思维,因此要组织丰富多彩的体育教学,教学方式以直观形象的示范法为主,这更加符合儿童的天性。小学体育课程教学有一个特别需要注意的问题就是不要进行"成人化"教学,教学方式不能死板老套。小学体育教师要认真分析小学生的心理特点,基于此而组织儿童化的教学活动,对有难度的运动技能进行儿童化处理,然后再给学生示范,以满足学生的童心,只有与小学生心理特征、心理需求相符的教学方式才能真正使小学生带着兴趣和积极的学习态度去学习和运动。

2. 兴趣化特征

小学生很容易情绪化,他们会满足于体育课堂上的游戏活动,会喜爱老师设计的新游戏,但也会厌烦重复单一的练习。这就对小学体育课程教学方式与教学手段的丰富性、多元性提出了较高的要求。小学体育教师要善于灵活设计一些新奇的游戏,以免学生长期用同一种方式重复练习相同的内容而产生疲劳感、枯燥感甚至厌烦感。在小学体育课堂教学中,不仅可以穿插游戏,还能穿插比赛,这样也有助于调动学习氛围。为了激发学生的学习兴趣，小学体育教师还要注意语言讲解的生动性、示范动作的趣味性，要有一定的幽默感，从而创建轻松愉悦、活泼有趣的教学氛围。

　　3. 游戏化特征

　　儿童很喜欢玩游戏，这是天性使然。将游戏教学方式运用于小学体育课程教学中，有助于使学生积极参与学习，促进课堂教学任务的有效完成。具有趣味性的游戏当然也包含一定的竞争性，学生在游戏中你追我赶，争先恐后，有助于培养他们的竞争意识和积极性。小学体育课堂上若缺少了游戏活动，枯燥的课堂必然会使学生丧失积极性和热情，学生也容易走神，不能很好地集中注意力，最终课堂教学效果必然难以达到预期，甚至有些学生毫无收获。小学体育教师应具备善于吸引学生注意力的能力，学生的注意力不仅在课堂教学的基本部分很重要，而且在课堂教学的开始部分和结尾部分同样重要。开始部分要通过小游戏将学生的注意力集中到课堂中来，使学生对将要学习的知识充满期待；基本部分要采用不同的游戏方式，使学生集中注意力掌握知识，参与活动；如果教师能够通过游戏教学方式使学生全程都集中注意力上课，那么在结尾部分学生就会不舍得下课，并期待下节体育课。可见，通过游戏教学的方式来抓住学生的注意力，就能大大提高课堂的教学效果。

二、体育课程教学的结构

　　体育课程教学的结构包括内部结构和外部结构。

（一）内部结构

　　体育课程教学的内部结构从时间序列来看可从学段目标开始，再到水平目标、学年目标、学期目标、单元目标和课时目标，如图 1-1 所示。

（二）外部结构

　　课外体育是体育的外部组成要素，主要包括早操、课间操、课外体育竞赛、校外体育活动、校园运动会、校园文化节等内容。
　　课外体育活动内容丰富、活动形式多样，可以说，除正规的体育课堂教学外，其余所有的学校内外体育活动都属于课外体育的范畴。

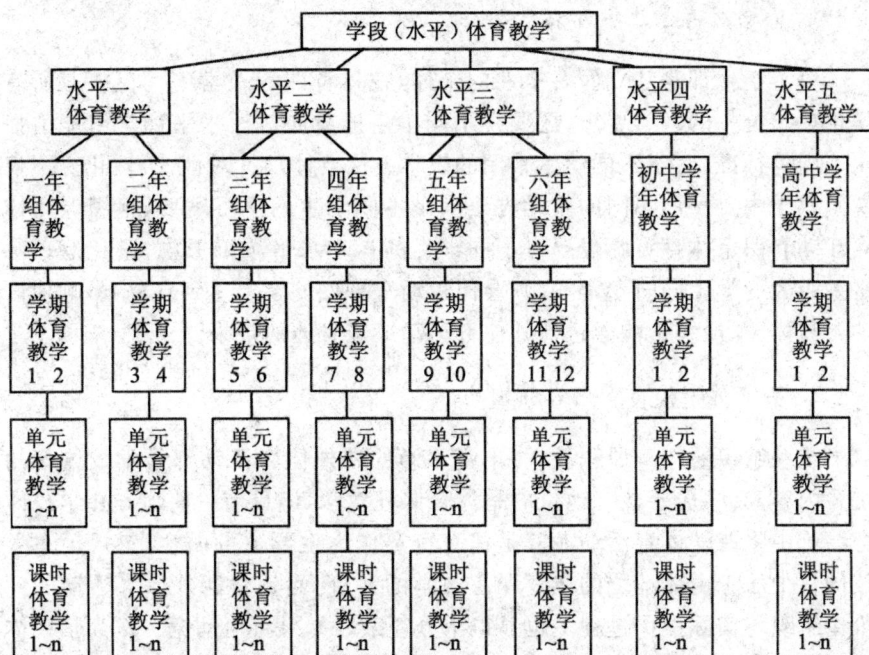

图 1-1 体育课程教学的内部结构

三、体育课程教学的原则

（一）健康性原则

体育课程教学原则中,健康性原则是必须遵循的首要原则。增进学生健康是体育课程教学的主要目标,体育教师要围绕该目标组织一切教学活动。健康性教学原则应渗透到体育课程教学的各个环节中,包括教材的选编、教学内容的开发与利用、教学方法的设计与选用、教学评价的组织与实施,等等。在体育课程教学中贯彻健康性原则,首先要清楚健康不仅是指身体健康,还包括心理健康、社会适应健康以及道德健康,要树立全面的健康观,从而通过体育课程教学增强学生的体质、完善学生的个性心理、提高学生的道德水平和社会适应能力,改变传统体育课程教学中从单一生物观培养学生的弊端,应将健康观和全面发展观结合起来。

健康性教学原则对体育课程教学提出了以下要求。

1. 面向所有学生展开教学

每个学生都是独立而有个性的个体,在体育课程教学中不仅要对所有学生提出统一的教学要求,还要视不同学生的身心健康水平和学习能力提出不同的标准,对于不同学生采用的教学方法要体现针对性、个性化。不仅课堂教学中要采用不同的教学方法满足不同学生的学习需要,组织课后体育活动和课余体育竞赛也要对不同学生的运动水平予以考虑,避免运动水平差距大的学生同时参赛,否则会使运动水平低的学生感到自卑,影响他们的参与体验,最终影响通过课外体育活动锻炼身体的效果。

2. 实行对学校体育内容的重构

统一组织的体育课程教学、丰富多彩的课外体育活动都是学校体育的重要内容,其中居于核心地位的是体育课程教学,但目前一些地方在学校体育评价中将课外体育活动尤其是体育竞赛作为主要评价内容,忽视了在学校体育中居于主体地位的体育课程教学的评价,而且对课外体育活动的评价在组织与实际操作过程中也显得十分复杂。如果将运动竞赛作为学校体育的重点评价内容,那么学校就会纷纷举办运动赛事,开展运动会,甚至在这些方面投入的教学资源超过了在体育课程教学上的投入,课外体育锻炼没有得到相应的重视,学校体育的重心也发生了偏移。

学校运动训练与竞赛很难像体育课程教学、课外体育锻炼那样照顾到大部分学生,因此将运动训练和竞赛作为学校体育的主体就难以实现学校体育促进学生健康的目标,健康第一的教学理念得不到落实,健康性教学原则也无法贯彻始终。对此,应使学校体育的重心重新回归到体育课程教学中来,将健康性原则贯穿到教学始终,通过科学选编教材、合理组织课堂教学、加强教学管理等来实现促进学生健康发展的目标。

3. 注重课内外教育的结合

学校面向全体教学对象——学生来组织实施体育与健康课程,在学校体育系统的各个方面将健康性原则贯彻到底,只在学校体育体系中的某一方面贯穿该原则是很难促进全体学生身心健康与协调发展的。现阶段,在体育教学内容开发与利用、体育教学方法设计与实施以及体育教学评价中,都强调教师对学生的要求,过度关注学生在认知、技能、体质等方面达到了怎样的目标,也就是说将量化标准看得很重,虽然这在督促学生积极学习方面起到了一定的促进作用,但也容易造成学生以量化标准要求自己,在学习中注重结果而忽视过程,这对学生的发展是不利的。

健康性教学原则要求将体育课堂教学与课外体育活动结合起来,课内外结合促进学生健康成长,并在学校体育评价中将学生的身心健康水平作为一个重要的指标进行考察。

(二)兴趣性原则

在体育课程教学中,学生的学习兴趣直接影响课程教学结果,因此对学生学习兴趣的激发与培养显得非常重要。体育教师要有意识地激发学生的体育学习兴趣,对于在这方面兴趣较弱的学生要有针对性地强化他们的兴趣,使学生看到自己在体育方面拥有的优势、具备的潜能,并长久保持学习的动力,养成长期锻炼的好习惯。

将兴趣性教学原则贯彻到体育课程教学中,需注意以下几个要点。

1. 激发学生的体育需要

需要是产生兴趣的基础,学生是否会对体育学习、体育参与产生兴趣,要看其是否有这方面的需要,有需要才会有兴趣。体育需要主要有直接需要和间接需要两种类型。

直接需要指的是因某个东西或某项活动自身的价值而有直接的渴求,兴趣对象本身就对主体有吸引力,使主体想要参与或学习,主体有这种需要或愿望。学生的体育直接需要就是学生被体育的健身性、趣味性、竞技性、娱乐性等属性而吸引,想要参与其中并进行一些学习活动。这种直接需要会使学生产生体育学习和参与体育锻炼的兴趣,体育兴趣越浓厚,学生的学习热情就越强烈,学习毅力就越顽强,学习动力就越稳固,最后也就越容易养成长期主动学习和练习的好习惯。

当主体认识到某件事物或某项活动对自身的成长、发展等有利且自己有必要参与该项活动或从事与该事物有关的活动时所产生的需要就是间接需要。体育锻炼有健康价值、社会价值、娱乐价值,对学生的健康、未来生活及就业都有好处,学生认识到体育锻炼的这些价值及自身参与体育的必要性而产生参与体育学习和锻炼的需要,这就是间接需要。间接需要也是对学生体育兴趣进行培养的一个有效方法。学生的体育需要(直接和间接需要)能否得到满足,对其是否会产生体育学习兴趣有直接的影响。因此,在体育课程教学中,教师要想法设法激发学生的体育需要,使学生建立在个人需要的基础上产生学习体育知识、参与体育锻炼的兴趣与热情。

2. 加强校园体育文化建设,创建良好的体育环境,激发学生的体育兴趣

校园体育文化和体育环境建设非常重要,良好的校园体育文化和校园

体育氛围会潜移默化地影响学生的体育兴趣。在校园体育文化建设和体育环境创建中,主要从以下几方面进行。

第一,完善运动场地器材的建设,从体育物质文化建设入手满足学生的基本学习需要。

第二,设置体育宣传栏,在校园广播中播报体育热点资讯。

第三,普及跳绳、毽球等民间体育项目和太极拳等民族传统体育项目。

第四,将富有知识性、教育性、趣味性的体育素材收集起来举办体育知识讲座,促进学生体育意识的形成与强化,使学生产生学习的欲望和亲身参与的兴趣。校园体育讲座的内容可涉及重大体育运动会的发展历史、体育锻炼与保健、中外体育名人的光辉事迹与成绩等,也可以在讲座上专门播放体育赛事,点燃学生的热情。

3. 了解学生的兴趣,安排个性化与多样化的教学

在体育课程教学中,切忌采用单一的教学方法和练习方法,否则学生会产生体育课枯燥乏味、单调无趣的想法,而且长期采用一种教学方法,对学生进行单一的刺激,也会造成超限抑制的产生,从而影响学生的学习效果。为培养学生的学习兴趣,巩固提高学生的学习动力和积极性,有必要对体育教法手段进行多样化、个性化的探索及改革。现代体育课程教学内容越来越丰富,丰富的教学内容需要采用多元的教学手法来予以实施,否则即使内容再有趣,而方法依旧传统、单一,学生还是没有兴趣上体育课。学生的体育兴趣有性别差异,一般来说,男生喜欢大球运动和极限运动,女生喜欢小球运动和形体运动,体育教师要了解不同学生的体育兴趣,考虑男生与女生的不同身心特点、体育兴趣来进行个性化教学,以满足不同学生的兴趣。

4. 通过分组教学满足学生的兴趣

分组教学方式可以使不同学生的兴趣爱好得到满足。在体育课堂教学中,教师经过讲解示范后要给学生留出自主练习的时间,这时可采用分组练习方式,教师要先了解学生的兴趣爱好,然后按兴趣划分练习小组,也可以让学生自己选择和自己有共同兴趣的学习伙伴。各小组练习自己喜爱的运动,有助于巩固兴趣爱好,提高运动能力,养成良好的运动习惯。

当前,已有很多学校从学生的体育潜能、特长、兴趣爱好出发设置专项课程,这也是体育课程建设与改革的一个重要方向,已开设体育专项课程的学校取得了明显的教学效果,尤其是在培养学生的专项运动兴趣、提高学生的专项运动技能方面,教学成绩十分可观。现在,专项制教学模式比传统教学模式更受学生的欢迎,因此专项制教学模式也很流行,可见学生的体育兴

趣对体育课程设置的影响很大,而这一教学模式也确实能够对学生的运动潜力进行挖掘,有助于培养体育后备人才。但也有一点需要注意,体育课程教学中不能仅仅在考虑学生的体育兴趣后就开展教学活动,满足学生的兴趣固然重要,但也要重视学生的全面发展,所以要综合考虑对学生全面发展有益的因素来组织教学活动。

(三)主体性原则

体育教学活动中,学习主体始终都是学生,学习主体的特点、学习需要是体育教师安排教学活动的主要依据。学习主体主观能动性、创造性的发挥对体育教学效果有直接的影响,学习主体学习的积极主动性也会影响教学效果,因此体育教师要有意识地引导学生发挥自主性,提高学生的学习积极性。

将主体性教学原则渗透到现代体育课程教学中,要将以下几个要点充分重视起来。

1. 体现主体教育

体育课程教学要树立现代教育观,围绕学习主体展开发展性教学,体现学生的主体地位,提高学生学习的主动性,最终促进学习主体的全面发展。以人文本的教学理念要求体育教师以学生为本开展相关教学活动,学生的主体地位不可动摇,学生的主体人格各有差异,教师要予以尊重,并注重对学生自主创造性和积极主动性的培养。

2. 鼓励学生自主参与学习

学习主体在体育课堂上自主参与程度的大小将直接影响体育课程教学效果的好坏,自主参与程度越大,教学效果越好。那些能够快速掌握运动技能的学生往往有着较强的自主参与意识。当前在体育课程教学中教师教与学生被动学的模式已经无法适应新课程改革的需要了,而学生主动学习,积极发挥主动性,自主探索与创新,与教师不断交流互动,共同推动体育课堂教学活动的顺利实施已成为体育课程教学的一个重要发展趋势。

学生的主体地位应在体育课程教学中体现出来,如围绕学生展开教学,尊重学生的主体差异,培养学生的主体意识,鼓励学生自主参与,增强学生的自信心,让学生在自主学习中进行自我监督与自我评价,引导学生调整学习状态,使其在主动参与的过程中实现学习效果的最优化。学生在自主参与中还要将自己的主体人格展示出来,在自主学习中学会与其他同学合作、学会配合教师、学会探索与创新、学会独立解决问题,学会约束自己的学习行为使之更规范、高效。

在体育课程教学中,体育教师要注重对学生主动参与精神的培养,让学生主动练习技术,主动进行体育锻炼,积极思考。体育教师还要激发学生学习体育的欲望,使全体学生都有学习的欲望、参与的热情。体育教师要把握好学生参与的时机,选择适合学生参与的内容,精心设计教学的每个环节,让学生尽可能参与。体育教师要培养学生的主体意识,发掘其自身价值,使其进行自我教育和自我调控,实现自我价值。

3. 为学生创设教学情境,使其获得成功体验

现代教学思想强调学生的经历、经验和体验,尤其是引导和帮助学生获得成功的积极情感体验,这有利于促进学生个性的良好发展,使学生在体育锻炼上达到真、善、美的统一,为终身体育打好基础。

在体育教学中,体育教师应为学生创设成功的机会,激发学生的求知欲和学习动机,使其获得成功的体验,享受成功的喜悦,发挥主体作用。体育教学的成果受学生自身运动基础和生理条件的影响很大,学生的兴趣和爱好也各不相同,教师要根据学生的差异,因人而异地安排运动项目、调整运动强度和锻炼时间,给学生足够的自主权,最大限度地发挥学习的自主性。让学生体验成功的策略如下。

(1)相信学生在体育方面都有取得成功的条件。

(2)组织各种体育活动,充分信任、关怀学生,引导学生取得成功。

(3)创设良好的体育教学环境,为学生取得成功创造条件。

4. 尊重学生的差异,注重个性化教学

在体育教学中,教师要承认学生的个体差异,重视学生的个性发展。差异是客观存在的,不同的学生有不同的成就感,学生的体育基础、兴趣爱好及生活经验各不相同。面对有差异的学生,体育教师要最大限度地发现、利用、挖掘他们在体育上的潜能,实施差异化教学,从个性差异中揭示学生作为单个个体的独特性,使每个学生都得到有效发展。在差异化教学中促进学生发展的策略如下。

(1)要注重感情投资,消除体育活动中的感情障碍。

(2)运用积极归因,转变自我认识。

(3)实行开放式教学,让不同基础的学生都有提高。

(4)了解差异所在,进行分类指导。

(5)利用成功体验提高动机水平。

（四）创新性原则

创新性教学原则是指在体育教学过程中，教师调动学生学习的主动性和积极性，激活学生的创新动机，引导学生树立创新意识，注重对学生创造思维和创新精神的培养，使学生能主动、愉快、创造性地获得知识和能力，使其个性得到自由发展，潜能得到最大程度的释放。

在体育课程教学中贯彻创新性原则有以下几点要求。

1. 更新教育观念，转变教育思想，充分认识学校体育教学在创新教育中的特殊使命

学校只有确立了新的教育观，才能在人才培养中有明确的思想保障。学校必须实现"应试教育"向"素质教育"转变，充分发挥学生在教育过程中的主体作用，使之由被动学习转变为主动求知。把体育教学活动真正变成活跃学生思考、引导学生创新的过程。

2. 培养与提高体育教师的创新能力

体育是最具有创新性的领域，要在体育教学中培养学生的创新素质，体育教师就必须是一个创新者，体育教师创新能力的构成包括观察能力、获得知识信息的能力、创造性思维能力和创新实践能力等。实践证明，只有高素质的教师，才能有力地推动创新教育，只有教师自身具备学习和创新能力，才能教学生如何学习、探求未知。体育教师作为创新者，要培养大量具有创新精神、实践能力和终身体育意识的健康合格人才，对这些创新型人才的培养是体育教师在创新素质培养中的最高追求。

3. 创造良好的校园体育创新环境，为创新人才的培养创造条件

创新精神的开发、创新能力的培养与创新人格的塑造，都与环境有一定的关系，因此在体育课程教学中应重视课内外一体化，强调将课内外教学活动有机结合起来，引导学生在丰富多彩的课外体育活动中完善自己，这不仅丰富了学生的学习生活，还能激发学生的灵感，为塑造创新人才营造良好的体育创新环境氛围，最大限度地开发学生的创造潜力。

4. 改革体育课程考核方式，建立创新评估体系

体育课程是学校考试最复杂的课程之一，现行的考核方法和考核制度存在着诸多弊端，它忽视了学生能力，特别是创新能力的评价。体育课成绩考核中应构建科学的创新评估体系。在体育教学考核中应尽量减少先天性因素起决定作用的竞技性考核内容，重视学生在体育学习中的进步幅度与求知创新程度，鼓励学生各抒己见，大胆练习，这不仅有利于启发学生思维，同时也可以加深学生对动作的理解。学生可以选择不同的考试方式，充分发挥主体作用，从而在知识、技术学习和积累的基础上有所升华和创新。

（五）多元评价原则

在体育课程教学中，对学习的学习效果进行评价，要注意评价的全面性，如对学生学习身体素质进行评价、对学生知识与技能掌握情况进行评价、对学生学习态度与合作能力进行评价、对学生心理素质进行评价、对学生社会适应性进行评价，等等。所有的这些评价都要以体育课程教学目标和学生的身心特点、学习基础水平等为依据。体育课程教学评价要面向全体教学对象，要树立全面发展的科学评价理念，即促进学生各方面素质全面协调发展，学习成绩固然重要，但学生其他方面的潜能同样不可忽视，对学生多方面潜能的挖掘及满足学生的发展需求能够提高学生的自我认知水平和自信心。体育课程教学评价要坚持公平性原则，要真正体现面向全体学生、促进学生全面发展的基本理念，体现评价的公平性，在评价中不仅要关心学生的学习成绩，而且要发现和发展学生各方面的潜能，了解学生发展中的需求，帮助学生认识自我、建立自信。

多元评价原则在体育课程教学中的渗透要注意以下几点要求。

（1）科学评价、客观评价、准确评价。

（2）结合学生的客观实际及个体差异进行针对性评价，不能用同一套评价标准要求不同水平的学生，要通过评价肯定不同水平学生的进步，指出他们的问题，并努力使低水平的学生向高水平迈进，提高学生的整体学习水平。

（3）注重对学生多方面素质的综合评价，在不同的教学阶段，要根据不同的教学内容、教学目标和教学任务选择重点评价内容，也就是说评价要有侧重，要突出教学重点，要清楚通过评价要重点发展学生哪方面的素质，而不是说在每个阶段都要对学生的各种素质全部进行评价，这样没有主次之分、没有重点与非重点之分的评价其实就是流于形式，无法真正发挥教学评价的功能，达不到好的评价效果。例如，在体能课上要重点评价学生的体能素质，如肌肉力量、耐力、柔韧与灵敏性、平衡能力与爆发力等；在技能课上要重点评价学生对技术动作的掌握情况；在理论课上要将学生掌握的体育知识作为主要评价内容，以笔试为主。需要注意的是，学生的学习态度、课堂表现、合作能力、意志品质等在不同的课堂上都可以作为评价内容，但要分清主次。

（4）评价方式要多元,注重综合性评价,具体表现为绝对评价与相对评价的结合、主客观评价的结合。此外,体育教师往往容易忽略过程性评价,容易忽视学生的学习态度和学习表现,因此应将该评价方式与终结性评价有机联系起来。

（5）体育课程教学评价不仅可以在结束一学期的教学后进行,也可以在结束一节课、一单元课程后进行。

第三节　体育课程教学及其研究

一、体育课程教学现状与发展

（一）体育课程教学现状

1. 体育课授课得不到保障

学校教育内容丰富多彩,体育教学是其中不可或缺的重要组成部分之一。体育教学旨在促进学生身心健康,提高学生的整体健康水平。体育课程包括理论课和实践课,学生在体育理论课上掌握基本的体育和健康知识,能够形成基本的体育认知,这有助于学生对运动技能的理解与掌握,有助于培养学生的运动习惯和健康行为,从而使其在体育实践课上有更好的表现和更多的收获。体育实践课是培养学生健康体质和运动技能水平的重要课程,也是体育课程教学的重点。显然,体育实践课比体育理论课更受重视,这无可厚非,但也不能忽视理论课的教学。很多学校的体育课教学都是以实践课为主,理论知识只是在实践课上穿插着简单讲解,学生无法系统地掌握体育与健康知识,也缺乏基本的健康常识,这最终会影响其在实践课上的表现。此外,有限的体育课程课时也常常被文化课占领,临近期末开始尤其如此,体育课教学不能完全得到保证,学生的体质健康也因此而受到影响。

2. 课程内容选择不合理

大部分学校的体育课程教学内容以常见的体育项目为主,很多项目都是奥运会比赛项目,还有一部分学校在体育课程教学中引进具有中华民族特色的传统体育项目。青少年学生处于身心发展的重要阶段,面对青少年学生进行体育课程教学,必须强调课程内容、课程教学方式的合理性,必须与青少年的身心发展规律及特点相适应,如此才能通过体育课程教学促进学生健康成长和全面发展,倘若课程内容选择不当,则对会学生的健康成长、学习及生活造成不良的影响。目前来看,学校开设体育课程,选择教学内容时对学生兴趣爱好、身心特征的考虑较为缺乏,上级部门的安排与规定是学校选择运动项目的主要依据,这就导致体育课上出现一些不适合学生参与的内容。学生的身体素质存在个体差异,性别差异尤为明显,有些项目仅对男生或对女生更适合,有些项目适合力量素质强的人,力量素质差的学生参与其中虽然能起到锻炼力量的作用,但也存在发生损伤的风险。为了预防体育课上出现损伤情况,更好地调动全体学生的学习积极性,提高教学效果,学校要尽可能从学生的身体素质、兴趣爱好、身心规律出发,合理选择教学内容。

(二)体育课程教学的改革与发展建议

1. 设置体育理论课

学校基于对学生认识能力、理解能力及运动基础水平的考虑而开设体育理论课,理论课与实践课的课时比例要合理。体育理论课可以与健康课、卫生课等结合起来,理论课内容丰富多彩,包括体育理论知识、健康常识、运动项目的基本知识、运动竞赛欣赏等。在体育理论课的组织与实施过程中,体育教师可将多媒体教学手段运用起来,这样可以吸引学生的注意力,使学生产生兴趣,营造活跃的课堂气氛,将学生的学习积极性激发出来。如果只是体育教师口头讲解理论知识,而且语言不够生动活泼,那么理论课就很容易变得死气沉沉,这样会影响学生的学习积极性,而且也会对后面的实践课造成影响。体育理论课知识的传授要从简单到复杂逐步进行,进度要调整好,先把好基础观,然后层层推进,为后面的教学工作打好基础。

2. 进一步丰富体育课程教学内容

体育课程教学内容的主流是常规体育项目,虽然常规项目的教学已经经历了长期的发展,积累了较多的教学经验,但不可否认并不是所有的常规项目都适合学生参与,如强对抗项目、强度较大的项目及冲撞较多的项目很容易造成学生受伤。对此,要进一步优选与丰富体育课程内容,除了要保留传统项目中适合学生参与的项目,还要不断拓展与充实。首先可以从国外引进形式丰富、种类多样而且运动强度较低的项目,这样不仅可以吸引学生参与,达到提高学生体质健康水平的目的,还能有效预防学生受伤,保障学生的安全。在将国外新兴项目引进的同时还要注重将民族传统体育项目充实到体育课程教学内容体系中,民族传统体育项目非常多,优先考虑健康价值高、传播广、适合学生参与的项目,这样也能培养学生的民族文化素养,使其感受民族传统文化的博大精深,并自觉承担起传承文化的职责。

3. 培养学生的体育能力

体育教师在体育课程教学中普遍只重视学生的学习结果,也就是学生是否掌握了运动技能,而对学生的学习过程往往不够重视。这样即使学生对运动技能有了基本的掌握,也难以提高运动能力,在学习中遇到问题时依然无法自主解决问题,而且也缺乏综合素质,最终也会影响学生终身体育意识的形成与锻炼习惯的养成。随着新课改的不断推进,体育教师要树立"以人为本"的教学理念,加强对学生体育能力及体育综合素养的培养,提高学生分析与解决实际问题的能力及创新创造能力。

二、体育课程教学研究与发展

(一)体育课程教学研究的目的

体育课程教学研究有以下几个目的。
(1)促使教师观念转变。
(2)培养教师解决问题的能力。
(3)促进教师的可持续发展。
(4)使教师学会科研方法。
(5)提高体育课程教学质量,培养全面发展型人才。

(二)体育课程教学研究的内容

1. 教学目标

研究内容包括体育学科的功能与价值研究、体育教学指导思想的研究、体育教学目标的研究、体育教学改革方向与目标的研究等。

2. 教学内容

研究内容主要包括体育健康、体育运动文化、体育教学内容的选择、体育运动技战术、体育教科书的选编研究、体育教材化工作、体育教学计划等。

3. 教学主体

教师和学生是体育教学的主体。对学生的研究内容包括体育教学对学生身心素质的影响、学生的地位、影响学生体育学习的因素、教师的教与学生的学之间的关系等。

对体育教师的研究内容包括体育教师的基本职责与作用、体育教师的地位、体育教师对学生的影响、体育教师的教学素养等。

4. 教学过程

研究内容包括体育教学过程的特征、基本结构、基本功能以及基本规律等。

5. 教学条件

研究内容包括体育环境的含义及内容、体育教学场地与设施的优化、体育教学器材建设、体育环境管理等。

(三)体育课程教学的研究方法

1. 问卷调查法

问卷调查是有目的地通过文字的形式提出问题,在一定的范围内要求一些相关人群进行解答,了解体育教学的情况,从而获得客观依据,以明确教学研究的方向。

设计问卷的注意事项如下。

(1)明确、清楚地提出问题,避免有歧义或模棱两可。

(2)提出的问题要符合客观实际情况。

(3)提出的问题必须围绕调查目的。

(4)提出的问题应与被调查者相关。

2. 文献资料法

文献资料法是指研究者通过查阅与研究题目相关的文献资料,通过整理、研究后得出科学结论的一种研究方法。

采用该方法进行研究需要注意以下几点。

(1)合理确定搜集文献资料的范围。

(2)合理运用查阅方法。

(3)要正确选用检索方法。

(4)要做好所获资料的加工整理工作。

3. 教学观察法

教学观察法是对教学中的行为进行观察而收集研究资料的方法。教学观察法主要可以分为三种：实地观察、实验观察、追踪观察。

采用该方法进行研究，要做好教学观察计划的制订工作，计划内容应包括以下几点。

（1）观察目的与任务。

（2）观察对象。

（3）观察指标的标准与规格。

（4）观察条件与方式。

（5）观察材料的记录方法。

4. 教学实验法

教学实验是指运用实验的方法来研究教育领域中的问题（事物或现象），探索教学（教育）规律的一种特殊形式的认识活动和实践活动。

（1）教学实验的准备工作

①明确实验设计原则。

②明确实验设计的要素。

③明确实验设计的方法。

④明确实验设计的步骤。

⑤明确实验设计方案的内容。

（2）教学实验的实施工作

教学实验的实施工作包括以下几方面。

①检查安装实验仪器设备。

②尝试性实验。

③正确的实验操作。

④实验结果的评价与处理。

（四）体育课程教学研究的发展建议

1. 提高体育教师的科研能力

体育科研工作对体育课程教学的发展起着巨大的推动作用，不仅仅表现在对学生身体素质的提升上，而且在此基础上摸索出体育课程教学对学生各方面能力及素质形成的支持特性，提高体育教师的科研能力有助于推动体育课程研究的发展，众多科研成果又能为体育课程教学活动的实施提供科学指导,从而使体育课程教学的价值得到充分发挥。

2. 注重创新

体育课程教学研究首先要对要研究的问题予以明确,然后选择价值与意义较大的选题来科学检索,了解其研究现状,寻找新的切入点进行深入研究。

3. 提高研究成果的实用性

体育课程教学研究的实用性主要体现在如下两个方面:一方面是要通过科学的检验来对体育课程教学的研究成果进行考证;另一方面是研究成果要具有应用价值。体育课程教学研究十分复杂,需要研究人员长期耐心观察、思考、分析与论证才能取得一定的研究成效。体育课程教学研究的过程应该是研究人员将实践上升到理论的创造过程。所以,体育课程教学研究要强调满足实际需要,提高实用性。

第二章 小学体育课程科学
设计的理论支持

小学体育课程是小学体育教学开展的重要依据和指导,没有体育课程,教学的开展就无从开始。因此,对小学体育课程进行科学设计是非常重要且必要的。在设计小学体育课程之前,要了解和掌握相关的依据和理论基础来作为设计的参照和支持,主要涉及到小学生自身的身心发展特点、小学体育教学的发展现状、小学体育课程的多学科理论基础以及小学阳光体育教学等,这些都是本章的主要内容。在这些理论的基础之上,小学体育课程的科学设计才有可能顺利开展并实施。

第一节 小学生身心发展特点

小学生阶段,通常是指 7—12 岁年龄段,在这一阶段小学生身体的各器官、系统稳步发育,但是相较于成年人来说,结构和功能上的差异性还是比较明显的。下面就对小学生的身体和心理发展特点进行分析和阐述。

一、小学生身体发展特点

小学生的身体发展特点主要从其身体的各个系统的发展上得到体现,具体如下。

(一)运动系统的发展

1. 骨骼发展特点

小学生骨组织水分和有机物较多,无机盐较少,这就决定了骨骼的弹性和韧性是非常好的,骨折发生的概率很低;但是,强度和硬度差,容易发生变形。

2. 关节发展特点

关节面软骨较厚,关节窝较浅,关节囊及关节周围的韧带薄弱松弛,关节周围的肌肉细长。这就决定了关节良好的伸展性、灵活性特点,活动范围较大;但是同样的,其牢固性和稳定性会相对比较差,脱位的情况较容易发生。

3. 肌肉发展特点

小学生肌肉含水分多,蛋白质和无机盐少,肌纤维细,因此,其弹性会比较好;但与此同时,其肌肉力量弱,较容易产生疲劳的情况。

(二)心血管系统的发展

小学生的心脏发育还不够成熟;心脏重量与容积相较于成人来说,都是比较小的,但相对值却比成人要大。

心肌纤维较细,收缩力较弱,心脏泵血力量小,在这样的情况下,要想使运动和旺盛的新陈代谢的需求得到有效满足,一般会通过增加心跳的频率的方式来加以弥补,这就是小学生心律较快的原因所在。

(三)呼吸系统的发展

小学生胸廓狭小,呼吸肌力量弱,这就决定了其呼吸系统的特点为:呼吸浅,频率快,呼吸的效率较差,肺活量小。

相较于成人来说,小学生的最大肺通气量和最大摄氧量的绝对值都是比较低的,但是,其相对值要比成人高。

气管和支气管通道狭窄,气管软骨尚未坚固,黏膜薄弱,血管丰富,易受尘埃和微生物的侵害。

(四)神经系统的发展

小学生大脑神经细胞的分化已基本完成,这就使其动作的精确性和协调性有所提高。但是神经系统兴奋与抑制的过程发展不均衡,兴奋过程的优势较为显著,表现为活泼好动,注意力不集中;学习和掌握动作较快,但兴奋容易扩散,从而导致错误或多余动作的出现;神经元的工作能力较低,易疲劳,但神经的灵活性好,物质代谢旺盛,这对于疲劳后的迅速恢复是有帮助的。

二、小学生心理发展特点

在小学阶段,不仅小学生的身体发展呈现出显著特点,其在心理发展上的特点也是较为显著的,具体表现在以下几个方面。

(一)认知能力的发展

1. 感知觉的发展充分

小学生的听觉、视觉十分敏锐,触觉也比较发达,表现为知觉能力的全面发展和综合分析能力逐渐提高,为学习和从事体育活动提供了基础和保证。

2. 注意力范围有限,且稳定性较差

小学生一般只能注意到自己感兴趣的对象。可以根据学习的需要和教师的要求,将注意力指向学习的对象,注意的范围和稳定性也随之逐步提高。

3. 记忆力的提高有渐进性

小学生的无意识记忆仍然起着重要的作用,容易记住那些自己非常感兴趣的事物,并且记忆内容由初期的具体形象记忆逐步发展到抽象记忆。

4. 主要表现为形象思维

小学生的思维能力虽然有了很大的发展,但是思维发展并不均衡,仍然以形象思维为主。

5. 想象力丰富

小学低年级学生想象力十分丰富。在他们的头脑中,现实与想象之间往往没有明确的界限。

(二)个性特征的发展

小学生个性特征的发展特点可以从以下几个方面得到体现。

1. 情绪稳定但是较为单一

小学生的情绪相对稳定而单纯,表现出单一性的显著特点,并且对自己的情绪能有效控制。

2. 意志品质的坚韧程度有待提高

小学生明辨是非、抑制不良愿望和动机以及坚韧不拔地完成任务的能力较差,所以在体育教学中,教师要尤其针对那些相对单调、艰苦的体能锻炼,以学生的个性特点和能力为依据,来将明确、具体的目标与任务提出来,并对学生的自制力和坚韧性加以培养和关注。在体育运动中积极引导,多加鼓励,有效抑制并克服不良的动机和愿望,从而使小学生完成锻炼任务、达到锻炼目标的决心和信心得到提升。

3. 自我意识明显但独立性差

小学生的思想上和行动,通常会较容易受到他人的影响。在体育活动中,教师和其他人的言行都可能成为他们学习和模仿的对象。因此,这就要求教师一定要注意自身的言行举止,将其榜样作用充分发挥出来。总体上来说,小学生的自我意识虽已形成,但不够客观、不够全面,带有明显的主观色彩。随着年龄的增长,小学生的自我意识会由低到高,提升和发展的趋势越来越稳。[①]

4. 社会认知得到发展

小学生与社会的接触还比较少,或者说比较浅显,但是,这并不能否定小学生的社会认知能力的不断锻炼、发展和提升,这是其个性特征发展的一个重要体现。

第二节 小学体育教学发展现状

一、小学体育教学过程的发展现状

小学体育教学过程的发展现状,主要体现在两个方面,一个是学校体育课的受重视程度,一个是体育课的发展创新。

---

① 熊健、刘义峰:《中小学体育教材教法》,化学工业出版社,2019。

（一）小学体育教学课受重视程度不高

1. 体育课会受客观因素影响而暂停

调查发现，小学普遍开展了体育课程，但是，符合标准、每周开三节体育课的小学则非常少，只占到总数的十分之一。很多学校的体育课只在开学初期进行，且基本都是在教室内进行的，而到了学期的中期甚至后期，体育课就会面临着被停课的待遇。因此，每每到了新学期，学生们颇为兴奋。体育老师通常在第一堂课上对学生提出了要求，如果体育教师外出学习或者有其他的事宜，那么体育课通常就会被停课；同样的，如果在寒冷的冬天或者雨雪天气中，体育课往往变成自习课。

2. 体育课的时间被占用

调查发现，学校体育课的开课数量要求为每学期 30 节，但是，受种种原因的影响，其中实际开展的体育课基本上都达不到这一标准，甚至有些学校整个学期下来，体育课的开课数量还不到三分之二，而缺少的那些课，通常会被其他学科占用。

3. 学生参与体育课的积极性不足

调查发现，只有很少一部分学生是不太愿意参与体育课的，究其原因，主要是由于他们认为体育课的开展会对文化课的学习产生不良的影响。学生参与体育课的积极性是评价学校体育的一个方面，也是评价教师工作的一个方面。过半数的学生认为，学校的体育设施无法使他们的运动需要得到很好的满足，体育课的开展过程中存在很多的问题需要解决，其中有四分之一的学生认为他们的体育教师对待体育的态度不太认真。学期中期学生上体育课的态度明显减弱，没有开学初期充满激情、热情。导致这些问题的主要原因，有这样几个方面：体育课的教学内容较为陈旧，无法引起学生的兴趣；学校的器材不能满足学生的需要；教师教学生学做广播体操，教学内容单调乏味。

（二）小学体育教学课的发展创新不甚理想

小学体育教学课的发展创新不甚理想，可以从教学过程的各个方面得到体现，涉及到教学组织、教学方法、教学内容以及教学评价等方面，具体如下。

1. 体育课教学组织合理性不足

调查发现,在小学体育课的教学组织上,有些体育教师没有进行科学的设计,往往会导致课堂混乱,因此难以形成良好的课堂氛围。

另外,在运动场上进行的体育课,往往是好几个班级同时进行的,但在上课区域方面,没有明确的划分和安排,这会造成学生上课的混乱,学生们上课时忙于找班级位置,难以进入上课状态,不仅会耽误上课时间,还会打乱已经站好队列的其他同学。每一节的体育课,因为找班级队列常常会占用正规上课时间的好几分钟,整个学期下来,浪费的时间很长。教师应该把上课的固定区域告诉给学生们,学生在课间就在固定区域周围活动,听到上课铃声后立即有秩序地排好队列,等待老师上课。这也是近阶段小学体育课程改革需要改进的方面。

2. 体育课教学方法单一

小学体育课程的开展,学生与教师是两个重要的参与者,两者之间要相辅相成,在注重教师主导作用的同时,也不能忽视了学生的主体性,围绕学生开展体育教学,有效激发和提升学生参与体育课的积极性和兴趣。体育教师进行体育理论知识教学时,接近半数的体育教师最常采用的是讲解、示范等教学方法,但是这些方法对于高年级的学生来说还算适合,中低年级的学生生对抽象逻辑思维无法建立模型,他们还需依赖具体模型的帮助,因此,就要求体育教师在讲授理论课教学时,可以采用直观的教学方法,这样才能保证取得理想的教学效果。

3. 体育课教学内容单调

调查发现,学生喜欢的体育课内容中,游戏占据了半数以上,其次是足球,然后是跑步。但在实际的体育课上,老师教授的却通常是最平常不过的站姿、排队列、教体操等内容,这样就难以满足学生的需求,对学生参与体育课的兴趣和积极性都会产生抑制作用。因此,丰富和充实体育课教学内容是非常重要且必要的。

4. 体育课教学评价简单

体育教学评价能够将教学工作的成绩反映出来,同时,也能从侧面将教师工作的积极性和学生的学习兴趣反映出来。学生学习评价也是新课程改革的重要内容之一,新课程评价将学生的全面发展作为关注的重点。但是通过对学生的相关调查发现,有三分之一还多的学生认为体育成绩并不重要,因为在他们看来,体育课本身就是一个辅助学科,无法与语文、数学、英语等学科相媲美,体育教师也是一对多,一人教学很多班级,师生交流很少,几乎都是老师在讲,学生在听。

通过对任课教师的调查发现,新课标的评价体系未能得到贯彻,甚至认为所规定的评价体系是个大框,有近一半的教师认为,新课标的评价体系在现实的教学中的可操作性是非常差的,无法入手;除此之外,还得知,很多教师认为体育课只是为了应付学校的检查,测评的成绩是随意的。评判的标准有四个等级,分别是"优、良好、及格、不及格"。

相较于其他的学科来说,体育的理论知识是缺乏系统性的,无法通过笔试的形式来测试出学生的实际体育成绩,但是,笔试的形式却是最为省力的一种考评方式。

二、小学体育教学主体的发展现状

教师和学生作为体育教学的主体,其发展情况也在一定程度上反映出了体育教学的发展状况,要对小学体育教学主体的发展状况加以分析,具体可以从以下几个方面着手。

(一)对学生主体地位的认识不足

当前,在新课改的推动下,体育教学虽然获得了较好的发展,但是,仍然有很多体育教师采用的是传统教学方式,即填鸭式教学,在这种教学方式下,教师在一整节的体育教学课上,往往会以自身为中心,从而让学生处于被动接受的位置,并且还要按照体育教师的要求,去完成教师所布置的任务。这样便导致学生在教学中感受不到自身的价值,不能使学生完全接受教师所讲解的内容。因此,这就要求体育教师在体育教学课上,一定要将学生放在中心位置,围绕学生的特点和需求来进行教学。

(二)教师在教学设计方面需要反思

教师在体育课程中的引导作用很重要,小学体育教学效果如何,在很大程度上取决于教师体育教学课程设计,除此之外,教师在上课前就应该提前设计好本节课该怎么进行、课堂中应该添加入什么项目、怎样使体育课程更富有趣味性,并且课堂结束时及时询问学生的意见和建议,课后教师及时反思该堂课的不足和需要改进的部分,这些都是教师需要反思和改善的重要方面,做到这些就能够有效提升体育课程教学设计的科学性和严谨性。[①]

(三)教师对专业知识和学生的了解有待提升

从当前的状况来看,很多老师对小学体育课程的了解程度还是不够的,缺乏自身的思考,在教学上所遵循的指导思想也较为陈旧,教学中对学生的需求和兴趣了解不足,导致学生在体育课程方面的兴趣不高,课堂效率比较低。这就要求体育教师需要在自身专业能力的基础上,不断学习新的知识,不断发掘新的授课方式和教学内容。

第三节 小学体育课程的多学科理论基础

一、教育学理论

(一)小学体育课程中蕴含的教育学理念

教育学作为学科之一,其研究的对象为教育现象,目的是将教育规律揭示出来。这里所说的教育,指的是教化培育,可以从两个方面来加以理解:一个是传授经验、学识,培养思维方式的过程;一个是教书育人的过程。

学校教育是以社会需要为依据,在遵循青少年学生身心发展规律的基础上,系统地引导学生获得知识技能、陶冶思想品德、发展智力和体力的一种活动,把学生培养成为适应一定社会需要和促进社会发展的人是其主要目的所在。

现代教育制度形成之后,一直以来,体育课程是作为学校教育的重要手段和学校课程体系的重要内容而存在的,小学体育课程的改革与发展是在国家教育方针政策指导下进行的,同时也渗透出国家教育改革的思想和理念。

(二)小学体育课程有助于"立德树人工程"的落实

教育的一个根本任务就是立德树人。为了深入贯彻这一精神和教育规划纲要,深化教育教学改革,全面提升育人水平,2013年教育部颁发了《教

---

① 雷建英:《小学体育课开展现状、问题与对策分析》,《课程教育研究》2019年第5期。

育部关于实施"立德树人工程"的意见》(以下简称《意见》),《意见》明确指出:把促进学生全面发展、健康成长作为工程的出发点和落脚点,坚持全科育人,统筹品德、语文、历史、体育、艺术5个学科,发挥其独特的育人优势,加强学科间的相互配合,发挥综合育人功能。《意见》在将小学体育课程在完成立德树人教育任务中的地位和作用明确下来的同时,还印证了小学体育课程的基本理念,目标体系、内容标准、实施建议等方面的充分体现和渗透促进了学生全面健康发展的先进性和客观性。

二、生物学理论

(一)小学体育课程中蕴含的生物学理论

生物学,也有生命科学之称,这一学科的研究对象为生物和生命现象。以研究的不同为依据,可以将生物学划分为形态学、解剖学、生理学等几个具体的学科。体育是通过身体练习对人体实施干预的教育,体育课程的本质功能是增强学生的体质。因此,人体形态学、人体解剖学、人体生理学等学科自然成为小学体育课程改革的理论基础。

生物学的研究对象主要为生命现象和生物活动规律,促进生物有机体更好地健康发展是该学科的主要目标。人作为一个生命体,其基本特征包括新陈代谢、生长、发育等。体育运动作为一种作用于身体本身的手段,其主要是改善机体的机能,使机体朝着更加健康的方向发展,而小学体育课程正是一门以身体练习为主要手段,以增进小学生身体健康为主要目的的学科。

健身性所强调的重点在于,在学习体育知识、技能和方法的过程中,以人体生理机能适应性规律、人体生理机能活动能力变化规律、机能发展的适应性规律和学生动作发展规律为主要依据,合理安排体育课运动负荷,从而实现学生身体良好的生物学改造,提高体能和运动技能水平,促进学生身体健康成长。适宜的运动负荷是小学体育课程学习的一个基本特征,运动负荷过高或过低,对于学生身体的健康发展都是非常不利的。只有根据人体的生长、发育、新陈代谢等规律来确定运动负荷,才能保证所取得的效果是较为理想的。

(二)体能在人体形态学特征和生物学特征的基础上发展

良好的体能是身体健康的重要表现,也是小学体育课程的主要目标之一。体能,从广义上来讲,是人体适应外界环境的能力;从狭义上来讲,是指人体各器官系统机能在体育活动中表现出来的能力。

一般来说,体能的获得途径主要是体育运动锻炼,除此之外,其还会受到饮食方式、生活方式等方面的影响。体能水平的高低与人体的形态学特征、机能特征之间的关系也非常紧密,其中人体的形态学特征是其体能的质构性基础,人体的机能特征是其体能的生物功能性基础,这为小学体育课程教学如何有效发展和提升学生的体能水平提供了理论基础。

三、心理学理论

(一)小学体育课程中蕴含的心理学理论

心理学这一学科的研究内容主要是行为和心理活动,具体来说,心理过程和个性心理是其主要的研究对象。

心理过程,就是一个人心理现象的动态过程,认识过程、情感过程和意志过程都属于心理过程的范畴,其能够将正常个体心理现象的共同性充分展现出来。

个性心理,指的是一个人在社会生活实践中形成的相对稳定的各种心理现象的总和,个性倾向、个性特征和个性调控等都属于个性心理的范畴,其能够将人的心理现象的个别性反映出来。其中,个性倾向是推动人进行活动的动力系统,它反映了人对周围世界的趋向和追求,主要包括需要、动机、兴趣、理想、信念、价值观和世界观等。这些内容在小学体育课程理念、目标及内容等方面的渗透和体现是有所差别的。

(二)小学体育课程理念及目标的心理学阐释

从小学体育课程本身来讲,培养学生对体育的情感态度与价值观,实际上就是要重视对学生积极体育情感和态度的养成、对学生进行正确的体育价值观和责任感的教育,培养其自尊、自信、不怕困难、刻苦锻炼的精神。究其原因,主要是由于积极的体育情感是学生参与体育锻炼的巨大动力,端正的体育态度对学生参加体育学习和锻炼具有重要影响,正确的体育价值观是形成正确的体育道德信念、理想及行为的保证。

传统的小学体育教学对运动技能的系统传授过于重视,同时,也过于强调学生对于运动技能的掌握,但是在学生运动兴趣的培养上往往是忽视的,这样就会导致学生既没有很好地掌握运动技能,也没有强烈的运动兴趣和热情。在新一轮的小学体育课程改革中,新的体育课程要尽力打破传统教学思想和传统势力的束缚与禁锢,深入改革原有的体育课,在强调运动技能学习的同时,还特别强调运动兴趣的培养,并把"心理健康"作为课程的重要方面,充分体现出小学体育课程改革中心理学理论的渗透。

四、社会学理论

(一)小学体育课程中蕴含的社会学理论

体育社会学和教育社会学,都属于社会学理论的范畴,都能够为小学体育课程改革提供必要的参考和依据。

从社会学的角度上来看,小学体育课程将促进学生的社会化,把提高学生的社会适应能力作为主要目标。这里所说的社会适应能力,往往也被称为社会健康,具体来说,是指个体与他人及社会环境相互作用、具有良好的人际关系和实现社会角色的能力。

小学体育课程在提高人的社会健康水平方面的促进作用是非常显著的,具体表现在以下几个方面。

第一,有利于小学生和谐的人际关系的建立和社会交往能力的提高。

第二,有利于学生的竞争意识和抵抗挫折能力的培养和提升。

第三,有利于学生良好的体育道德规范及合作精神的培养与建立。

第四,有利于学生社会适应性的锻炼和提升。

(二)小学体育课程中社会规范意识与社会适应能力的提高

小学体育课程所强调的"社会规范意识",更多的是指向"社会规则意识和安全意识"。社会规范意识是小学体育课程的一个显著目标。在具体的课程实施过程中,主要是通过组织学生参与各种体育比赛,形成遵守各种活动的规则意识,通过安全教育来对学生安全防范的能力进行培养和提升。

人是社会的人,人的价值主要是通过社会的价值来体现,所以如果一个人要想实现自我价值,必须拥有良好的社会适应能力,这就是"人的社会化"过程。社会适应是个人和群体调整自己的行为,使其适应所处社会环境的过程。小学体育课程所培养的社会适应是学生在小学体育学习过程中形成的情感、态度、价值观等的综合表现。"社会适应"作为小学体育课程目标和学习内容之一,它主要强调学生社会化的过程,在小学体育课程的学习过程中,培养学生坚强的意志品质、与他人合作和交往的能力、社会规范意识等,都是对其进行社会化改造的体现。

第四节　小学"阳光体育"教学

　　小学体育教育在整个体育教育中是处于基础地位的,体育教育对学生身心健康的培养和提升就是通过小学体育教育实现的。少年儿童是祖国的未来、民族的希望,基础教育是根基,因此对于小学体育教学必须要充分重视。[①] 阳光体育工程在小学的推进,就在很大程度上为小学体育教学的发展提供了契机,因此,一定要抓住这一有利条件,推进小学体育教学的改革。

一、在新课标的指导下,建立新的教育教学理念

　　教育本身就具有一定的特殊性,这种特殊性主要体现在教学对象上,即其具有显著的特征,比如,发展性、变化性和个体的差异性等。随着社会的不断发展,小学体育教学需要满足新时代的新要求,这在教学的各个方面都必须有所体现和反映。

　　新颁布的小学体育课程标准是小学体育教学推进与实施的重要导向,教师教学的开展是要按照新课标来进行的。对于小学体育教师来说,要从清楚体育课程的价值,转变之前知识和技能技巧为核心的教学理念,立足于学生长远的发展,本着促进学生身体健康、提高学生心理健康水平、增强学生适应社会的能力、获得体育与健康知识和技能这几方面着手来进行小学体育教学。简言之,就是要有主动学习的意识,主动研究新课标,结合学生实际来落实课标的要求。

二、创设轻松和谐的课堂氛围

　　在传统的小学体育教学中,教师将关注的重点通常放在教学的结果上,却忽视了更重要的教学过程和学生的个体差异,因此,这就会导致一部分因没有理解老师的教学内容或是本身的身体素质达不到教学目标当中所要求高度的学生心理受挫,对体育课的兴趣会逐渐减退,增加了其参与体育教学

---

①　陈旺霞:《开展阳光体育,打造高效课堂——小学体育教学初探》,《学周刊》2018 年第 31 期。

课的压力。新课改下的素质教育,要求教师要为学生创设轻松和谐的课堂氛围,不能将教学结果作为唯一关注的重点,要尊重学生的全面发展,让小学体育教学的气氛活跃起来,提升学生学习的兴趣。

三、围绕学生这一中心,落实素质教育要求

新课标明确指出:小学体育教学要将满足学生的需要和重视学生的情感体验、促进全面发展的社会主义新人的成长作为关注的重点。由此可见,小学体育教学活动的设计与开展都是围绕着小学生这一中心来进行的,因此,这就要求教师一定要在体育教学活动开始就对小学生的各个方面有全面且深入细致的了解与掌握,遵循区别对待和个体差异性原则来设计和组织教学。同时,还要对学生的情感体验和全面发展加以重视。

从上述内容中可以得知,广大小学体育教师在教学中要把备课标、备教材、备学生三者结合起来,在关注学生掌握一些基础性运动项目技能、技巧的基础上,把能力培养落实其中。除此之外,更要在此过程中把体育拼搏精神、爱国主义教育、法治教育、团队意识等渗透其中,引导学生形成良好的运动习惯,培养学生积极向上的体育意识,由此,来使学生身心健康成长的长远目标得以顺利实现。

四、开展趣味化教学,将学生积极性有效调动起来

对于小学生来说,其天性就是玩。因此,小学体育教学活动的开展,也要尽可能与玩有关,以此来将学生参与体育教学活动的兴趣和积极性激发和调动起来。

新课标改革之后,教师在小学体育教学中的地位有所提升,其主导性地位更加显著。与此同时,也不能因此而降低了学生的主体性地位,这就要求小学体育教师在备课的时候,一定要将生活化和趣味化这两个基本要求结合起来,精心策划教学内容,根据学生不同的兴趣开展教学活动。教师可以从生活出发,挖掘生活中有趣的事情,融入学生之中,发现学生感兴趣的东西,从而围绕这些开展教学,可以大大提高教学的趣味性。为了避免传统体育教学活动的各种弊端,体育教师要发挥日常教学的正能量,多元化地发展教学内容,加强生活化与趣味化的融合,可以有效地促进学生与教师的交流,增进师生情谊。从日常角度出发,结合必要的趣味性游戏,使学生在学习的过程中保持积极向上的学习态度。趣味化与生

活化的结合,不仅可以改善现有传统教学单一的模式,丰富教学内容,而且在提高教学质量、使学生快乐学习方面得到保证,所产生的作用也是非常积极、正面的。

五、教学中学生运动负荷的设计要科学

让学生积极地参与到阳光体育活动中,对于增强学生的身体素质、促进学生的心理健康都是非常有利的。在当今社会,学生的压力非常大,这就需要教师通过积极的引导,使学生能够经常参与到阳光体育运动中,以此来使他们的学习压力得到缓解,同时还能提高学生的心理素质,真正地提高学生的思想品德与审美情操。①

当前的体育课程的改革,主要是为了对学生的健康成长起到更好的促进作用,有效提升学生的身体素质。无论课堂形式有什么变化,其需要遵循的基本原则都是要科学地安排学生的运动负荷。不仅如此,教师还要全面地考虑学生所处的环境,根据年级的高低与身体素质的不同,来对学生的运动负荷进行科学的设计和安排,注意一定不要超过负荷量。

六、完善评价体系,有效辅助教学

小学体育教学的开展必须是完整的,因此,教学评价作为其重要的组成部分,是非常重要且不可或缺的,能够对体育教学目标实现和课程建设发展起到积极的促进作用。

新时期的小学体育教学所采用的是素质教育的形式,这就需要体育教师改变传统的以运动成绩来单一评价学生的方法,而是要以学生长远发展为立足点,尊重学生个体上的差异,既要关注结果,更要重视过程;切实发挥教学评价激励与发展的功能,从三维目标的要求出发,全方位评价学生。在此过程中,可以把教师评价、学生互评和学生自评结合起来,这样不仅能够使教学评价更全面、更客观,也有利于学生主体地位的发挥。

由此可以看出,在小学课程体系中,体育教育是落实素质教育的重要环节。广大体育教师要将其与新课改的新要求有机结合起来,从学生的实际出发,开展有效的体育教学活动,推动阳光体育工作在小学阶段的落实。

----

① 高婷婷:《开展阳光体育,打造高效课堂——小学体育教学初探》,《读与写(教育教学刊)》2019年第16期。

第三章　小学体育课程设计之硬件建设

　　小学体育课程的顺利开展离不开多种体育硬件的支持,这些硬件主要是指供体育课程开展的场地和器材。我国学校的体育硬件建设都有一定的标准,有些条件较好的学校甚至还有更高的硬件标准。为此,本章就对小学体育课程的硬件标准与开发利用等硬件建设问题进行研究。

第一节　小学体育场地与器材的标准

一、小学体育场地与器材的配置标准

(一)小学体育场地的配置标准

　　《中小学校建筑设计规范》(GBJ99—86)对城市中小学体育场地面积做了规定,见表 3-1。

表 3-1 中小学体育场地用地面积标准

学校类别及规模		跑道		足球场/平方米	篮球场/平方米	排球场/平方米	其他/平方米	总计/平方米	每生用地/(平方米·人)
		规格	用地						
小学	市中心	12班	60米直	640	—	2×608	2×286	300	2728	5.05
		18班	60米直	640	—	3×608	2×286	600	3636	4.49
		24班	60米直	640	—	3×608	3×286	900	4222	3.91
	一般	12班	200米环	5394		1×608	1×286		6288	11.64
		18班	200米环	5394		2×608	1×286	200	7096	8.76
		24班	200米环	5394	—	3×608	2×286	500	7682	7.11

根据《中小学校建筑设计规范》(GBJ99-86),各类型室内体育场地面积见表3-2。

表3-2 中小学室内活动场地类型

类型	面移/平方米	净高/平方米	使用范围	
			小学	中学、中师、幼师
小型	360	不低于6.0	容1~2班	—
中型(甲)	650	不低于7.0	—	容1~2班
中型(乙)	760	不低于或0	—	容2~3班
大型	1000	不低于8.0	—	容3~4班

(二)小学体育器材的配置标准

1. 必配类器材设施(表3-3)

表3-3 小学体育器材设施配备目录(必配类)

类别	器材、设备名称	单位	城镇小学			乡村小学			备注
			24个班以上	13~23个班	12个班以下	18个班以上	13~17个班	12个班以下	
必配类 一类必配	接力棒	根	24	18	10	18	12	6	
	跳高架	付	4	4	2	3	2	2	
	栏架	付	20	16	10	18	12	6	有升降,最低高度40厘米
	秒表	块	6	4	2	3	2	1	
	小沙包	只	60	40	40	40	20	20	
	木尺	根	5	3	1	3	2	2	长1.8~2.5米
	皮尺	条	4	3	2	3	2	1	长20米或30米
	垒球	个	50	40	30	30	25	20	
	联合训练器	付	1	1					
	实心球	个	60	50	40	20	20	20	重1千克,直径15厘米

续表

类别		器材、设备名称	单位	城镇小学			乡村小学			备注
				24个班以上	13～23个班	12个班以下	18个班以上	13～17个班	12个班以下	
必配类	一类必配	体操棒	根	60	60	60	60	50	50	长80～90厘米
		体操凳	张	4	2	2	4	2	2	规格300厘米×30厘米×20厘米
		木哑铃	付	60	60	60	60			
		短绳	根	100	80	60	60	50	50	长220～250厘米
		长绳	根	14	10	6	10	8	6	长450～500厘米
		爬绳、爬竿	付	1	1	1	1	1	1	
		肋木	间	3	3	2	2	2	2	
		平梯	架	2	1	1	2	1	1	
		助跳板	块	4	3	2	3	2	2	
		山羊	台	4	3	2	3	2	1	
		跳箱	套	3	2	1	3	2	1	
		低单杠	付	6	4	2	4	2	2	
		高单杠	付	3	2	1	2	1	1	
		体操垫（小）	块	60	60	40	20	12	10	规格60厘米×60厘米×10厘米折叠
		体操垫（大）	块	12	10	8	8	6	4	规格120厘米×200厘米×10厘米
		毽子	个	120	80	60	60	50	50	
		塑料圈（呼啦圈）	个	60	60	60	60	50	50	
		气筒	把	2	2	1	2	1	1	
		广播体操挂图	幅							
		计算器	个	4	4	2	3	2	1	
		录音机	台	2	2	1	1	1	1	
		扩音器	台	1	1	1	1	1	1	

续表

类别		器材、设备名称	单位	城镇小学			乡村小学			备注
				24个班以上	13~23个班	12个班以下	18个班以上	13~17个班	12个班以下	
必配类	二类必配	小篮球	个	40	30	20	20	16	10	
		小篮球架	付	4	3	2	2	2	2	
		软式排球	个	40	30	20	16	10	6	
		小型排球架	付	4	3	2	2	2	2	
		小足球	个	40	30	20	20	15	10	
		小型足球门	付	4	3	2	2	2	2	
		小皮球	个	40	30	20	20	20	20	

2. 选配类器材设施(表3-4)

表3-4 小学体育器材设施配备目录(选配类)

类别		器材、设备名称	单位	城镇小学			乡村小学			备注
				24个班以上	13~23个班	12个班以下	18个班以上	13~17个班	12个班以下	
选配类	一类选配	起跑器	付	6	6	6	6	6	6	
		发令枪	支	2	1	1	1	1	1	
		钉鞋	双	数量根据实际需要定						
		摸高架	付	3	2	1	2	1	1	
		标志杆(筒)	根	25	20	10	10	6	4	
		投掷靶	只	6	4	2	2	1	1	
		橡皮拉力带	根	25	18	10	4	3	2	长5米,宽3~5厘米
		海绵包	套	1	1	1				
		铅球	个	8	6	5	3	2	1	

类别		器材、设备名称	单位	城镇小学			乡村小学			备注
				24个班以上	13～23个班	12个班以下	18个班以上	13～17个班	12个班以下	
选配类	一类选配	钻圈架	个	8	6	4	6	4	2	
		纱巾	块	60	60	60	60	50	50	
		彩带	条	60	60	60	60	50	50	
		绳架	付	2	2	1	2	1	1	300米×250米
		攀登架	组	1	1	1	1	1		
		少年篮球	个	14	12	12	10	10	10	4号
		练习篮球架	付	8	6	4				
		少年排球	个	14	12	12	10	10	10	3号或4号
		少年足球	个	14	12	12	10	10	10	3号
		乒乓球拍	付	24	18	12	12	10	8	
		羽毛球拍	付	24	18	12	12	10	8	
		板羽球拍	付	50	40	30	40	30	20	
		乒乓球台	张	8	6	4	4	3	2	
		各类球网	付	数量根据实际需要定						
		毽球	个	50	40	40	30	30	30	
		板球	付							以下器材酌情适量选配
		腰带足球	个							
		迷你高尔夫球	付							
		迷你曲棍球	付							
		迷你橄榄球	个							
		蹦蹦球	个							
		吸盘球	个							
		跳带	个							

类别	器材、设备名称	单位	城镇小学			乡村小学			备注
			24个班以上	13~23个班	12个班以下	18个班以上	13~17个班	12个班以下	
选配类 一类选配	飞镖	套							
	飞盘	只							
	卡通沙包	个							
	救生圈	个							
	滑冰鞋	双							
	冰车	付							
	铁环	付							
	空竹	付							
二类选配	指南针	个							
	测向仪	台							
	浪木或浪船	付							
	弹簧跳板	块							
	艺术体操球	个							
	艺术体操圈	个							
	艺术体操棒	根							
	艺术体操绳	根							
	艺术体操带	条							
	橡塑跑道垫（体操专用）	条							长20米
	武术器械	套							
	牵珑球	个							
	大龙球	个							
	软式网球	付							
	软式垒球	套							
	垒垫	块							

续表

类别		器材、设备名称	单位	城镇小学			乡村小学			备注
				24个班以上	13～23个班	12个班以下	18个班以上	13～17个班	12个班以下	
选配类	二类选配	乒乓发球机	台							
		独轮车	辆							
		滑板	块							
		踏板（舞蹈用）	块							
		轮滑鞋	双							
		秋千	付							
		卡通不倒翁	个							
		攀岩墙	套							
		多媒体设备	套							

二、小学常见体育场地的规格标准

（一）足球场地与设施的规格

1. 比赛场地

比赛场地应为长方形(图 3-1)，其长度不得多于 120 米或少于 90 米，宽度不得多于 90 米或少于 45 米(国际比赛的球场长度不得多于 110 米或少于 100 米，宽度不得多于 75 米或少于 64 米)。

比赛场地应按照平面图画出清晰的线条，线宽不得超过 12 厘米。球场各区域界线的宽度均应包括在该区域面积之内。较长的两条线是边线，短的是端线。场地中间画一条横穿球场的线，叫中线。以场地中央点为圆心，以 9.15 米为半径，画一个圆圈叫中圈。场地每个角上应各竖一面不低于 1.50 米高的平顶旗杆，上系小旗一面，相似的旗和旗杆可以各竖一面在场地两侧正对中线的边线外至少 1 米处。

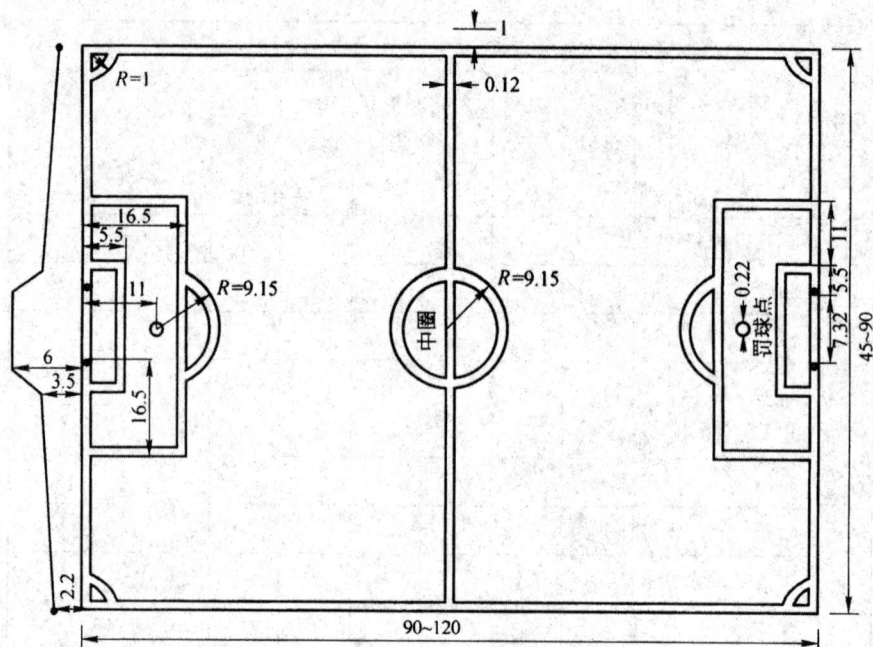

图 3-1 足球场地

在比赛场地两端距球门柱内侧 5.50 米处的端线上，向场内各画一条长 16.50 米与端线垂直的线，一端与端线相接，另一端画一条连接线与端线平行，这 3 条线与端线范围内的地区叫罚球区。在两端线中点垂直向场内 11 米处各做一个清晰的标记，叫罚球点。以罚球点为圆心，以 9.15 米为半径在罚球区外画一段弧线，叫罚球弧。

在比赛场地两端距球门柱内侧 5.50 米处的端线上，向场内各画一条长 5.50 米与端线垂直的线，一端与端线相接，另一端画一条连接线与端线平行，这 3 条线与端线范围内的地区叫球门区。

以边线和端线角交叉点为圆心，以 1 米为半径，向场内各画一段 1/4 的圆弧。这个弧内地区叫角球区。

2. 球与球门

球应为圆形，外壳用皮革或其他许可的质料制成，不得使用可能伤害队员的质料。球的圆周不得多于 71 厘米或少于 68 厘米。球的重量，在比赛开始时不得多于 453 克或少于 396 克。充气后其压力应相等于 0.6～1.1 个大气压力，即相等于 600～1100 克/平方米。

球门应设在每条端线的中央，由两端相距 7.32 米、与两面角旗点相等距离的直立门柱与一根下沿离地面 2.44 米的水平横木连接组成。门柱及横木的宽度与厚度均应对称相同，不得超过 12 厘米。球网附加在球门后面的门柱及横木和地面上。球网应适当撑起，使守门员有充分活动的空间。

（二）乒乓球场地与设施的规格

1. 比赛场地（图 3-2）

正式乒乓球比赛场地的场区长度应大于 14 米，宽 7 米，高 4 米。

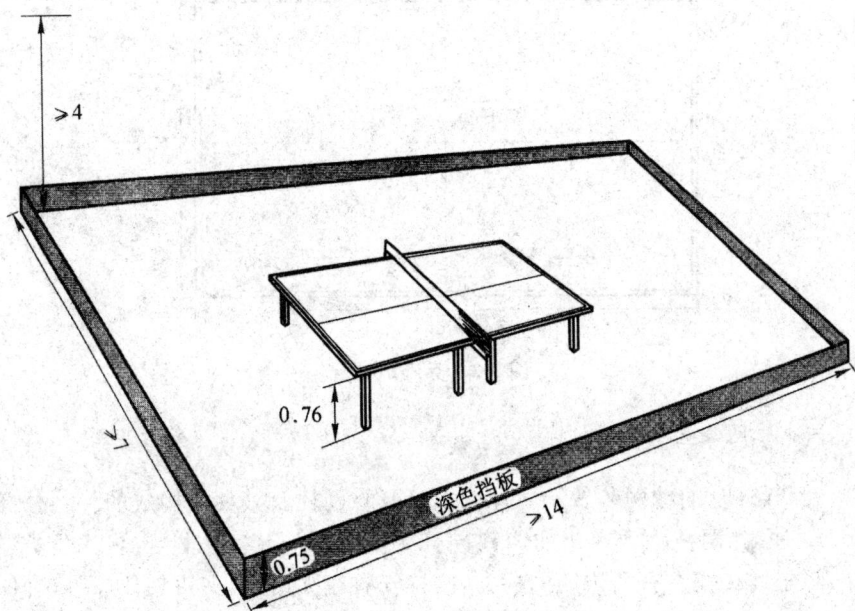

图 3-2　乒乓球场地

场区周边用 75 厘米高的深色挡板围起。

场地灯光应安放在距地面 4 米以上的位置，灯光照度应为 1000 勒克斯（lx）。场地四周的灯光应暗于场地中，此外不应有其他过亮光源出现，如透过场馆窗户射入到场地中的光线。

场地地面应为乒乓球专用地胶。

在比赛时，场馆中禁止使用荧光棒或闪光灯。

2. 球台的规格

乒乓球球台的长度为 2.74 米，宽度为 1.525 米，球台台面平行于地面，球台距离地面 76 厘米。乒乓球的球台有标准弹性,弹性测量方法为在球台上面 30 厘米处自由落体一乒乓球,如果弹起高度在 23 厘米左右,即为标准弹性球台。

乒乓球台的颜色以暗色调为主,主要有墨绿色、宝石蓝色、藏蓝色或黑色。球台表面应不反光。

球台表面上的边线和底线以 2 厘米宽的白线画出,中间被一条 3 毫米宽的白色划分为左右两个半台(图 3-3)。

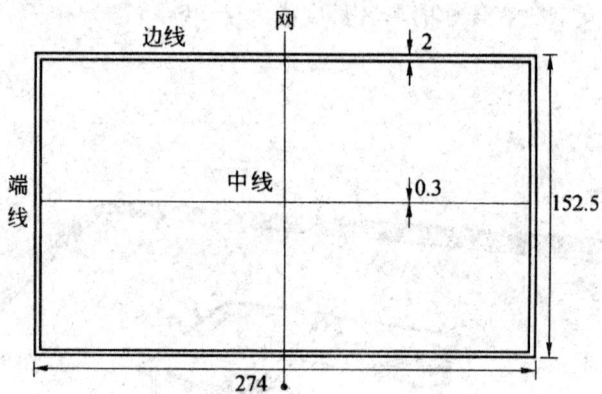

图 3-3　乒乓球球台

3. 球网装置

乒乓球台的球网装置是由球网、悬网绳、网柱及其夹钳构成的。网柱高 15.25 厘米,网柱距球台边的距离同样为 15.25 厘米。球网上下以绳子贯穿,绳子连接在左右两边的网柱上,网柱安置在夹钳上,夹钳夹住球台,确保球网的底边尽量贴近台面。固定好球网后,球网的上网绳应有一定的紧绷度(图 3-4)。

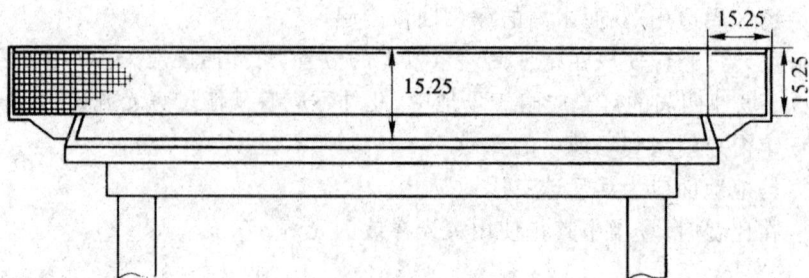

图 3-4　球网装置

4. 球与球拍

（1）球的规格

现如今，乒乓球球体的质地为新型塑料。球体直径为 40＋毫米（即40.2毫米左右），颜色为白色，球体表面无光泽。

（2）球拍的规格

乒乓球球拍由底板和胶皮构成。胶皮有套胶和单胶皮两种。底板材质中应至少包含有 85％的木质，其余材质可根据性能需要加入碳素纤维、玻璃纤维、芳基纤维、竹纤维等。球板不同层之间的黏合层总厚度应小于0.35毫米。

若在球板上直接粘贴单胶皮，其连同粘合剂一起的厚度应小于 2 毫米。若在球板上粘贴套胶，其连同粘合剂一起的厚度应小于 4 毫米。

胶皮应覆盖住整个球板面。如果是直板，则手指对球拍的执握部分可不覆盖。底板、底板中的任何夹层以及用来击球一面的任何覆盖物及粘合层均应为厚度均匀的一个整体。

球拍两面的胶皮应为不同颜色，主要为红色和黑色，但目前也出现了其他颜色的胶皮。如果直拍的反面没有覆盖胶皮，则也需要贴上颜色纸以示两面差别。

（三）羽毛球场地与设施的规格

1. 比赛场地

羽毛球场是一个长 1340 厘米和宽 610 厘米构成的长方形。场地中的白线为 4 厘米（图 3-5）。

羽毛球场地的标识线一般为白色或黄色。所有的线都算作场内的一部分。

羽毛球球网装置由网柱、网、网绳构成。网柱高 1.55 米，固定于地面，上下网绳将球网拉紧，拉紧的球网垂直于地面，同时网柱也应该保持与地面垂直的状态。网柱固定在地上的双打边线上。球网长不得少于 6.1 米，宽 760 毫米。球网颜色为暗色系，网孔编织为方形，边长在 15～20 毫米之间。贯穿球网的绳的两端应牢固拉紧，高与网柱顶端齐平。在重力的作用下，球网中央的高度稍低于球网两端，但中央高度仍旧不能低于1.524 米。

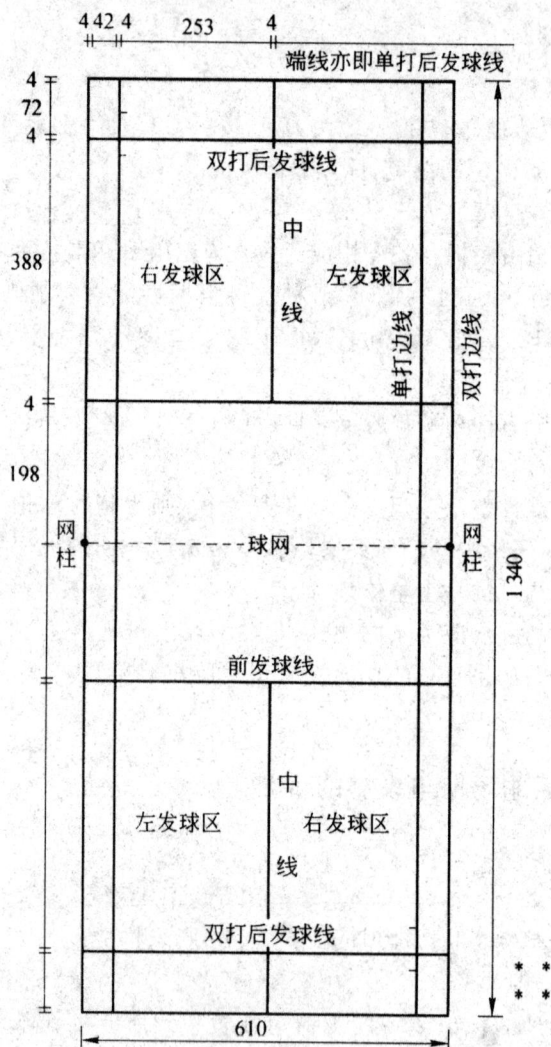

图 3-5 羽毛球场地

2. 球与球拍

(1)球的规格

不同级别的羽毛球的质地不同,业余羽毛球球的质地有塑料材质的,也有塑料与天然混合材质的。标准的羽毛球用球应为天然材料,羽毛球由球托和16根羽毛组成,每根羽毛的长度应在62～70毫米之间,羽毛尾端应围成一个直径在58～68毫米之间的圆形。每根羽毛之间以线相连。球托底部为一个直径在25～28毫米之间的圆球形。整个球体的重量应在4.74～5.50克之间。以合成材料制造的羽毛球,其尺寸和重量的规则可有所变化,但变化幅度不应超出标准的 10%。

(2)球拍的规格

羽毛球球拍由拍柄、拍弦面、拍手、拍杆、连接喉构成(图3-6)。球拍的整体长度应小于 680 毫米。拍弦面的长度应小于 280 毫米,宽度应小于 220 毫米。拍杆下端连接拍柄,并通过连接喉与拍头连接。

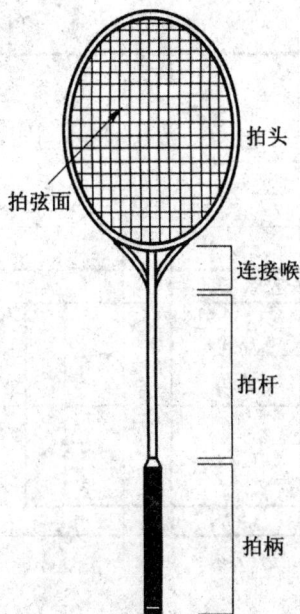

图 3-6 羽毛球球拍

(四)网球场地与设施的规格

1. 比赛场地(图 3-7~图 3-9)

网球场地的地质有许多种类,常见的有草坪场地(天然草坪场地、人造草坪场地)、泥土场地(红土场地、黄土场地)、硬地场地(水泥场地、沥青场地)和塑胶场地。由于成本所限,小学中建设的网球场地的地质主要为硬地场地,其特点为球落地后的反弹顺畅、前行速度快。对于硬地场地的后期维护保养工作来说也相对更简单,维护保养费用也较低。

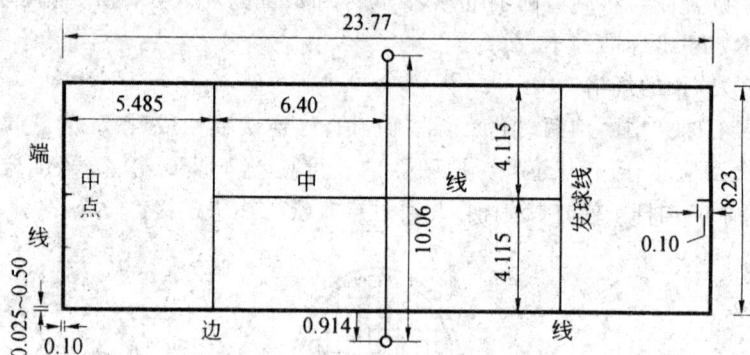

图 3-7　网球场地（一）

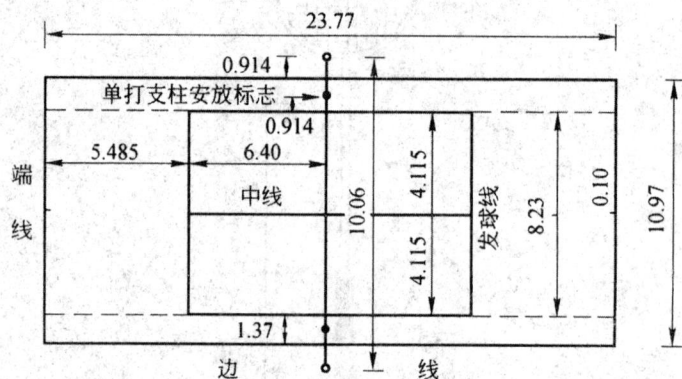

图 3-8　网球场地（二）

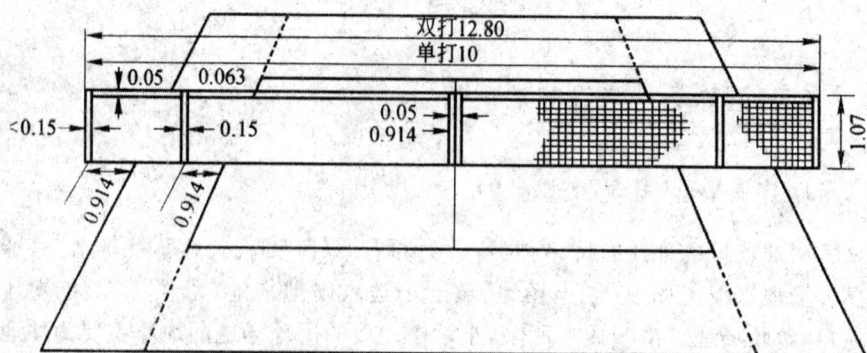

图 3-9　网球场地（三）

　　网球场地的具体规格如下。边线长 23.77 米、单打比赛底线长 8.23 米,双打比赛底线长 10.97 米。发球有效区线距离底线有 5.485 米,距离球网 6.40 米,左右两个发球有效区的宽各为 4.115 米。对于场地中各区域的距离测量,应以白线外沿为基准。两条底线的宽度不应低于 10 厘米,其余白线的宽度应在 2.5～5 厘米之间。要注意在场地周边留出一定的安全空间,这个区域也是运动者可能会移动到的地方。

2. 球与球拍

(1)网球的规格

网球的球体颜色多为绿色或黄色,球体外有均匀的毛质,直径在 6.35～6.67 厘米之间,重量在 56.7～58.5 克之间。每个球有其标准的弹力,将球在混凝土地面上 2.54 米的位置自由下落后弹起高度在 1.35～1.47 米之间。

(2)网球拍的规格

网球拍的拍框和拍柄的总长应限制在 81.28 厘米之内,宽度在 31.75 厘米之内。拍框内沿长要小于 39.37 厘米,总宽小于 29.21 厘米(图 3-10)。网球拍中间连接的拍弦的面应为一个平面,拍弦上下交替编织,连接处为两线交叉的垂直十字。弦线与拍框相连,拍弦越靠近球拍中央其编织密度就越大。

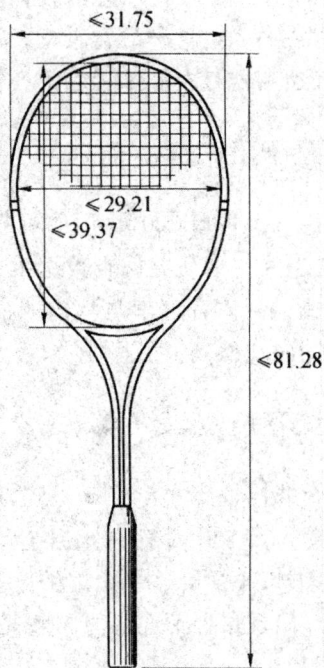

图 3-10　网球拍

到如今,网球拍的质地发生了很大的变化。最初的网球拍为木质材料,这种材质造价低廉,但重量较重。随着网球球拍轻量化的需要,后来金属、石墨、化纤合成材料、碳素纤维、新型合金等材质都被尝试用来制作网球拍。时至今日,网球拍以碳素纤维材质和新型合金材质为主。网球拍重量有轻"L"(<13)、中轻"LM"(13~13.5)、中"M"(13.5~14)、重"T"(>14)。另外,由于球拍拍头的大小不同,还会据此区分出小型拍头、中型拍头和大型拍头。

第二节　小学体育场地与器材的开发与利用

一、小学体育场地与器材应用中存在的问题

现如今,我国学生的课业负担虽然在减负的倡议下有所缓解,但仍旧暴露出学生普遍缺乏体育运动,身体素质水平每况愈下的问题,身处小学阶段的学生也是如此。这一问题已经得到社会的普遍重视,"身体是学习的本钱"这一理念也逐渐深入人心。在这样的背景下,学校体育无疑被寄予了更多期望,然而小学体育场地和器材在应用过程中往往会出现以下几点问题。

(一)体育场地配置不足

《中小学校设计规范》(GB50099-2011)中明确规定,小学生平均运动占地面积为2.88平方米。但在一些研究调查数据中显示,我国二三线城市的小学的体育场地普遍不能达到体育教学与活动的最低标准,甚至会出现一个学校的全体学生不能同时在操场上做操①。

(二)体育器材配置不足,开发不够

体育器材配置不足在我国许多小学中是普遍存在的情况,这种情况不论是在农村小学中还是城市小学中都存在。据统计,有将近一半的农村小学缺乏必要的体育器材,城市小学的这一比例稍低一些,但也存在体育器材缺乏和开发不足的情况。出现这种情况的原因主要如下。

---

① 何冰:《小学体育设施资源的科学管理与开发》,《速读》2014年第12期。

(1)学校没有给予学生的体育课外活动以器材支持,体育器材只有在体育课堂教学时才能使用。

(2)体育器材资源匮乏导致体育器材配置不足。相比之下,球类运动、田径运动等基础项目的器材基本够用,其他体育项目的器材则普遍严重不足。

(3)高损耗器材的补充不够及时;已报废的器材淘汰速度慢;学校的体育器材采购工作缺乏计划性,效率较低。

二、小学体育场地和器材开发与利用程度低的原因

尽管在新课改的要求下学校更加注重对学生综合能力的培养,以创建出新型的素质教育。但在传统教学观念的影响下,实际操作中大部分学校还是难以摆脱学习成绩论的传统教育思维。那些能够培养学生综合素质的体育、美术和音乐等课程还是难以改变其处于边缘化的窘境①。理念上的禁锢,使得学校领导不会做出将有限的经费过多投入到体育教学中的决定,即便是已经拥有的体育硬件资源,也不舍得充分利用,由此就造成了一系列体育场地和器材开发与利用程度低的问题。

(一)体育教师教学态度不够端正严谨

体育教师教学态度不够端正严谨的情况出现主要是由两方面原因造成。

一方面小学领导对体育教学的科学性和必要性认识不足,认为体育课就是让孩子玩耍,放松放松就可以了,因此对体育课的重视就严重不足,体育教师在学校也属于不受重视的那类教师群体。这直接导致了体育教师缺乏教学的主动性,秉承了得过且过的教学态度,不会在教学方式和教学手段上谋求创新,也不会在充分利用体育场地或器材上动脑筋,只想沿袭传统教学方式即可,得过且过。

另一方面体育教学带有风险性的特征,使得体育教师更倾向于沿用传统的教学方式来传授体育知识或技能,而对于那些充分利用体育场地或器材并带有一定风险性的教学行为则基本不予考虑,免得"引火上身",得不偿失。

---

① 蒋清华:《中小学体育场地设施资源的开发与利用》,《体育时空》2012年第3期。

（二）场地与器材缺乏合理的管理制度

有数据显示，有条件设置体育器材管理这一职位的小学主要为条件较好的一线城市学校。只有这些小学才具备相对完善且合理的体育场地与器材的管理制度。而大多数条件一般的小学则没有如此完善的管理和相关制度，这些学校中对体育器材的管理通常是安排体育教师或校工兼任，且轮流管理，如此就容易在体育器材的存放、使用、报废和补充等各项工作上出现纰漏和疏忽，难以实现对器材的有效利用和对短缺器材的及时补充。

小学体育场地与器材管理制度的缺失也体现在安全方面。例如，"毒跑道事件"一度成为社会热点问题，这一事件揭露了一些学校在体育场地建设和体育器材购置等工作上对安全问题的忽视，于是就建造了或购买了没有达到安全标准的场地和器材，由此给学生的身心健康带来了潜在危害。

三、推动小学体育场地和器材开发与应用的有效途径

（一）加强和完善对小学体育的资金投入

体育运动之于学生身心健康的重要性早已是不言而喻的事情，这使得开始有更多的学校开始重视体育教学，并随之重新建设或完善了体育场地与器材。我国学校教育相关工作条例明确规定，各级学校要把体育经费纳入年度教育经费预算中①。此外，各级教育部门也尝试将学校对体育设施的投入情况纳入考核标准之中，并对此事宜增加了监督和检查力度。种种措施使得小学的体育场地与器材的配置情况逐渐向好。

（二）协调上课时段，提高体育场地利用效率

目前在小学体育教学和体育活动的开展过程中，学生人均运动面积不足的情况还是较为常见的。为此，学校有关部门应重新对现有体育硬件进行统筹规划，并据此再根据全体学生的体育参与需求重新调配，以实现最大限度地使用学校有限的体育硬件资源的目的。常见的方法为教师之间彼此协调课程安排，特别是当场地中有多个班级共同上课的时候更应如此。科

---

① 张吾龙、胡德刚：《义务教育阶段学校体育场地器材均衡发展的研究》，《北京师范大学学报（自然科学版）》2015 年第 51 期。

学地布局可以满足更多班级同时在场地中完成教学活动,并且能将彼此之间的干扰降至最低程度。在体育教学活动的安排上,体育教研部门还应注意区别高、中、低年级,尽可能在同一时段中安排年级差别不大的班级进行学生活动。

另外,为弥补学校体育场地与设施的不足,还可考虑利用学校周边机关单位、事业单位、社区中的体育场地等资源开展体育教学,这是一种体育资源共享的理念。

除此之外,充分利用学校周边的自然资源也是对体育硬件条件不足的一种弥补。例如,背靠大山的学校可利用山地开展定向越野、爬山等体育活动。

(三)加强制度管理,提升体育器材的开发和利用效率

学校增加对体育场地建设或器材购置等的投入固然是打造良好体育硬件的方式,但另一方面也应建立起一套科学完善的管理制度,以此加强对体育器材的开发和管理。

(1)完善体育器材存放的物理条件。适合存放体育器材的器材室普遍具有干燥、通风、明暗适度的特点,在此条件下再将体育器材分门别类地摆放整齐,为日后的借取和归还行为创造便捷的条件,如此也会使体育器材的保管工作更具规范性。

(2)安排专门的器材管理员。如果是条件良好的学校,可聘用专门负责体育器材保管的专员。该人员对所有体育器材的购买、报废、借出、收回等一系列变更做出记录,并且在每次借出器材时要向学生介绍使用注意事项和借还规则。如果在回收器材时发现损坏,则应及时报备,及时维修。如果是条件一般的学校,也应指定某位工作人员或体育教师作为专门的体育器材保管员,要做到基本的当体育器材状况发生变更时及时记录的工作,力求最大限度减少器材的损毁和流失情况。

实际上,体育教师在进行体育教学的过程中,在使用到体育器材时,有义务对学生做器材使用说明,以及提点注意事项。在使用到一些存有风险性的器材前,教师首先要细致讲解并做示范,以便让学生尽快掌握器材的使用方法。

体育器材保管员要注意对学校体育场地或器材的日常巡视工作,如走场地、检查固定器材或场地的地质情况等,一旦发现有损毁或安全隐患,应立即记录、上报、安排修复。对于那些被检查出的损毁严重到影响正常使用的器材,应及时做报废处理,不要勉强维修后凑合使用,这会增加器材使用的风险度。

（3）对学生进行爱护体育场地和器材教育。体育场地和器材属于公共财物，每名在校学生都会使用到，需要做到人人爱护，以此从根本上杜绝恶意破坏、损毁体育场地和器材的行为发生。

（四）教师带头，自制简易器材

新课改对小学教学的改革也包括对体育教学的改革。为此，在解决体育场地和器材的开发与利用问题上，还可以通过自制器材的方式解决。教师要发散思维，认识到生活中的很多物品在通过改造后都可能成为一种适合体育教学需要的器材，尤其要善于利用身边的物品，尝试变废为宝，利用废旧物和生活物品自制器材展开教学[①]。例如，在空矿泉水瓶中灌上一定重量的沙土，即可制造出"哑铃"。这些自制体育器材的活动不仅能丰富体育教学内容，提高学生的动手能力，还能增强体育活动的实践性与趣味性。

---

① 石光旭、陈广毅：《小学体育教学中体育器材的科学使用》，《中国教育技术装备》2017 年第15 期。

第四章　小学体育课程设计之软件建设

　　小学体育课程设计质量的好坏,会对小学体育课程教学质量产生决定性的影响,而要达到这一目的,仅仅具有理论基础和硬件条件是远远不够的,软件建设同样非常重要,且不可被替代。本章主要对小学体育课程设计的软件建设加以分析和研究,主要涉及民族传统体育在小学中的价值体现,通过对民族传统体育纳入小学体育课程的可行性和典型案例的分析,能够对小学体育课程设计的各方面软件及其建设方面有全面且细致的了解和认识,为后面体育教学质量的提升奠定坚实的基础。

第一节　民族传统体育进入小学校园的价值

一、民族传统体育在小学校园中的健身价值

　　当前,小学生普遍存在着肥胖、体质下降等方面的健康问题,这已经成为社会性问题,并引起了较高的关注。

　　民族传统体育作为我国民族传统体育文化的重要载体和体现,其包含的项目多种多样。但不管什么样的项目,其都具有一定的健身价值。对于那些强度中等的有氧运动项目来说,其各种动作的运动,都能达到促进能量消耗、燃烧脂肪、加快新陈代谢的目的。与此同时,其还能起到预防由肥胖引起的心血管疾病和心肺疾病发生的作用。如今的中小学学生的身体素质不断地被高压状态下的学业负担拖垮,中考和高考是绝大部分家长和学生不参加体育活动的借口,这直接导致学校体育课锐减、体育教师队伍不规范、学生失去学习体育的乐趣,间接导致大部分学生体能测试不合格、多数学生的身体素质不达标,中小学学生的身体素质逐渐降低。[1] 而长期进行

---

① 　王丽宁:《将"戳脚"拳种引进衡水市桃城区小学体育课程的研究》,硕士论文,河北师范大学,2017。

民族传统体育运动锻炼,能够使小学生的身体素质得到有效增强,同时,小学生的机体体液免疫和细胞免疫功能也会有显著的改善,健身价值非常高。

二、民族传统体育在小学校园中的健心价值

当今的小学生,大都生活在物质条件丰厚的环境中,并且大都处于成家庭过度溺爱的状态,加深了小学生"拿来主义"和"自我主义"思想观念,在集体观念和吃苦耐劳的精神方面较为欠缺,内心的承受能力也相对偏低,他们的心理状态通常都处于一种亚健康的状态。

民族传统体育本身具有显著的特点,主要表现为民族性、历史性、文化性等,运动的形式可以是单人的,能锻炼个体的综合素质;也可以是多人协作的集体项目,这就会对大家的集体精神产生积极影响,比如,队员间要齐心协力、团结合作、沟通交流,在遇到困难时给予精神上的鼓励与支持。除此之外,一些民族传统体育运动还带给学生们积极向上的精神,会渗透到他们的学习、生活中,帮助他们树立正确的价值观念。在参与运动训练的过程中,通过身体神态的表达,直接了解、感悟它所包含的深厚的文化内涵,于无形中被这种优秀的传统文化感染,将学生的民族自豪感有效激发出来,心理耐挫力也得到有效提升。

三、民族传统体育在小学校园中的文化价值

(一)丰富小学校园体育文化的内涵

民族传统体育备纳入到小学校园中,对于学生来说,是有着非常积极的影响和意义的,不仅使其对不同民族传统体育项目的了解进一步拓展和加深,掌握其技术和知识,透过具体的文化现象,使学生进一步掌握各民族文化的内涵,达到民族文化交流的目的。这种交流无论是课堂教学,还是课余所开展的民族传统体育内容,都能够有效推动小学生自身体育人文素质、体育精神和民族传统文化素养的提高。

由此可见,小学体育课程中借鉴与应用民族传统体育的形式,能够在强健师生的体魄、增进其身心健康的同时,对于当代小学生切身体会和感受中华民族传统体育文化,更加准确而深刻地认识我们民族自身的悠久历史,把握中华民族精神也是非常有帮助的,进而能够在德、智、体等方面得到全面

发展,也使自己的民族文化素质得到逐步提升。

(二)传承民族传统体育项目,丰富校园文化

在很长的时期内,我国学校体育内容通常都以西方竞技体育为主,民族传统体育所占的比重较小,这也反映出了民族传统体育开展的现状是不容乐观的。民族传统体育的很多运动项目,具有其显著特点,比如,舞龙运动,其主要特点是节奏分明、动作舒展,结合音乐,衬托欢快、愉悦的氛围,与小学生好动、活跃的身体发育特征相符。现代的舞龙运动中,将舞蹈、戏曲等艺术形式融为一体,能使小学生追求"美"的事物的心理得到较好满足。[1] 学生通过文艺展演、比赛训练等多种方式接触舞龙运动,能够有效传承舞龙技术动作,同时,也为这些技术动作的进一步发展起到促进作用。

除此之外,民族传统体育在开展过程中营造的龙文化环境氛围,能够让小学生耳濡目染感受中华传统文化的魅力,激发对龙文化的学习兴趣,逐步增强对中华传统文化的保护与传承意识,增加他们对民族文化的认同感,提升小学生群体的文化自信心。

四、民族传统体育在小学校园中的育人价值

育人,是所有体育教育的宗旨和目标,这在小学校园中也是适用的,具体来说,就是使小学生能够主动、积极地锻炼身体,获得独立从事体育锻炼的基本能力,从小培养"终身体育"的意识,为小学生全面发展打下良好的基础。

民族传统体育包含的项目非常多,对于那些被纳入到小学体育教学中项目来说,通常具有形式组织灵活、趣味性强的显著特点,因此,能在游戏中应用,也可作为竞技运动,经常参与,不仅可以增强体质,还能够形成开朗、自信、乐观和积极进取的精神,对学生身心的全面发展起到促进作用。同时,我国民族传统体育强调内外兼修,主张阴阳协调和统一,蕴含着丰富的哲理,这能够从思想上引导学生运用辩证思想建立科学的人生观和价值观,使学生在相互游戏中不断感悟,最终晓礼仪、明道德,逐步提升小学生的综

---

[1]　李俊俊、刘静:《民族传统体育项目进入小学校园的价值与实现路径研究——以舞龙运动为例》,《当代体育科技》2020 年第 10 期。

合素质。①

武术是民族传统体育中较为典型的运动形式,其又可以具体划分为很多武术运动项目。通过武术运动的学习和锻炼,能够使小学生的道德建设得到培养,武术技艺得到提升,这对于加强小学生的交流能力、沟通能力和竞争意识是有很大帮助的,通过不断的技艺切磋让自己努力练习,坚持不放弃,这种精神是当代社会所看重也是缺乏的精神。青少年是祖国的希望,是早晨初升的太阳,百年前一句"少年强则中国强"无疑是对青少年最佳的肯定,只有少年强才能国强。因此,将民族传统体育项目引入到小学校园中,是非常有意义的事情,这也为今后素质教育的实施和后备人才的培养创造了有利条件。

五、民族传统体育在小学校园中的教学价值

民族传统体育的种类繁多,具体的运动项目数量也众多。尤其有很多典型的项目,能够对参与的小学生起到显著的强身健体、休闲娱乐、修身养性的作用。把其中那些适合学校体育教学的、小学生喜爱的民族传统体育项目通过改造、加工引入小学体育教学中,能够使小学体育课程教学内容得到进一步的充实和丰富,使小学生在健身方法和途径上有更多的选择。同时,民族传统体育所提供的练习形式也是多种多样的,也能对小学体育课程教学改革起到积极的推动作用。

六、民族传统体育在小学校园中的经济价值

一个事物,是否具有经济价值,是衡量其发展空间和未来发展走向的一个重要标准。发展至今的民族传统体育项目,之所以能够传承下来并得以发展和应用,与其显著的经济价值有着非常密切的关系。通常,从个体传承上来说,民族传统体育获取经济利益的形式主要有武馆、教学、媒体等;从社会的角度上来说,主要是通过发扬民族传统体育的文化软经济,举办各种交流会和比赛等一系列形式"文化搭台,经济唱戏"来进行对外的招商引资,以获得间接经济效益。另外,通过民族传统体育文化的发扬和传承,能够为当地构建和谐社会和经济建设作出应有的贡献。

---

① 夏成前、范成香、成效钝、许方利:《小学选择民族传统体育内容及教学实践的研究》,《湖北体育科技》2015 年第 34 期。

第二节 民族传统体育纳入小学 体育课程的可行性分析

一、目前小学体育课程方面存在的问题

通过调查分析得知,当前小学体育课程方面普遍存在着一些问题,这些问题制约着小学体育课程的进一步发展,这也是要将民族传统体育纳入小学体育课程的一个重要原因,具体可以归纳为以下几点。

(一)观念陈旧,认识水平有待提高

由于长期受到应试教育的影响,小学体育课程将关注的重点放在了文化课上,而小学体育课程则往往放在可有可无的次要位置上,导致教师和学生对体育课程往往存有轻视的心理。同时,小学体育课程的主要运动项目通常为竞技性的体育项目,比如篮、排、足球以及田径等,从而导致教学观念陈旧。在很长的一段时间内,"三基"(基本知识、基本技术、基本技能)作为指导思想、出发点和归宿点始终落在运动技术、技能的教学上,体育教学内容异化为动作技能的不断重复和强化,生动活泼的体育活动演化为枯燥乏味的身体练习。尽管近年来"全民健身""终身体育"等思想逐渐应用开来,并且产生越来越深远的影响,人们对体育的认识和重视程度有所增加,但是,在小学体育中,较多主观、客观因素的影响仍然存在着,传统的教学目标根深蒂固,这种"先技能,后健康"的原则导致体育教学资源难以得到有效丰富,甚至使得"育体"与"育人"分离开来。

(二)教材内容老化陈旧,选择面窄

当前,小学体育实践课在教材方面有着较大的选用难度,现在各种体育实践教材的内容都基本相同,每个体育项目的讲解和分析也都没有什么大的区别,大部分都是体育专业教材的复制品,有的单纯的讲解理论知识,实践表述不完整、不到位,这与学生的实际需求是有着一定差异性的,两者之间的契合程度不高。在小学体育课程教学中,球类、武术、健美操等是主要的教学内容,小学生由于受年龄和心理发展特征影响,对其他项目会产生好奇和渴望尝试的心理需求,希望能够接触到更多、更新鲜的教学内容,对于

反复练习的项目具有厌烦和抗拒情绪,但是,这种需求往往是不能得到有效满足的,因此,这就大大地降低了学生对于体育课程的学习兴趣,同时也降低了对体育课程的重视程度。

(三)教学方式单一、缺乏新鲜感

在目前的小学体育教学中,传统的教学方式仍然占据主要地位,教师负责教,学生被动学习,学生跟着教师的讲解做,学的像便会受到夸奖。在这样的教学模式下,学生只会知其然,而不知其所以然。例如,每次体育课之前教师都会带领学生活动关节,从手腕到膝盖再到脚踝,学生也只是知道每次开展运动之前都需要做一套这样的动作,却不知为何要做,这导致部分学生在准备运动之时不认真,没有将关节完全打开,热身运动没有做到位,在体育运动中受伤的几率加大,这便是教师没有将学生当做"主体",没有从学生的角度进行教学所导致的后果。[①] 另外,部分教师将向学生讲解运动技巧作为关注的重点,但是,却将学生的主观创造性和情感体验忽视掉了,这种做法与国家提倡的全面发展的育人目标相背离,因此会发现有些学生喜欢体育运动,但是不喜欢体育课,这便是这种单一硬性教学方式的弊端所在。

二、民族传统体育项目纳入小学体育课程的可行性

少数民族传统体育具有丰富多彩的内容和形式,独特的风格,较强的思想性、趣味性,集健身、娱乐为一体,深受学生的喜爱。传统体育项目纳入到小学体育课程,对于课程改革的实施、学生学习兴趣的提升、我国民族传统体育文化传承和保护、民族传统文化的弘扬以及民族精神的振奋都有着非常重要的现实意义。

(一)民族传统体育内涵丰富,对学生学习有良好的吸引力

民族传统体育的产生与发展,都是在特定的地理、人文环境等客观条件和民族地区特有的传承方式的基础上实现的,许多运动项目极具美学意义和美的艺术创造。同时它还蕴藏着丰富的文化内涵,每一项民族传统体育运动都能够将当地的民族生活、习惯、人文环境等情况从不同角度和程度上

---

① 周栋梁:《民族传统体育项目纳入小学体育课程资源的可行性分析》,《体育世界(学术版)》2018年第7期。

展现出来,同时也将当地人民的精神面貌反映了出来。

民族传统体育能够将传统体育中的一些共同特征体现出来,比如,较为显著的积极进取、奋发向上、团结合作等传统文化精神,与此同时,还能够从多个角度来将学生的运动能力展现出来,培养学生对民族传统体育文化的热爱,增强对中国民族传统体育文化大背景下的民族文化的理解能力,从而更好地继承和发扬传统民族文化。

由于民族传统体育的内涵较为丰富、地域性特征显著,再加上我国提倡培养和提升民族自豪感和民族精神,加之地域性和民族性等基本特性,使民族传统体育成为培养民族自豪感和民族精神,进行爱国主义教育的有效形式。

(二)民族传统体育形式多样,教学资源丰富

我国拥有 56 个民族,每个民族在长期的生活和生产中都沉淀出了独具特色的传统活动形式,将多样化的特征体现了出来。

据中国体育博物馆的调查研究显示,在我国流传的、具有悠久历史的民族传统体育项目多达 977 种(项),其中包含 676 种民族传统体育项目,涉及的类型也是多种多样的,如力量、技巧、速度等类型。

第九届全国少数民族体育项目达到了 15 项之多,主要包括花炮、珍珠球、木球、墩球、毽球、龙舟、秋千、射弩、陀螺、押加、高脚竞速、板鞋竞速、武术、民族式摔跤(搏克、且里西、格、北嘎、绊跤、朝鲜族式摔跤)、马术(速度赛马、走马、跑马射击、跑马射箭、跑马拾哈达)等,[①]这些运动中,有技巧型、综合型、健身型表演项目,是纳入小学体育课程中的理想选择。

民族传统体育形式将以其丰富的内涵、宽泛的外延使体育教学资源体系得到健全和完善,有利于弥补目前大部分学校在教学种类和范围上存在的不足与局限,符合培养学生"终身体育"健康目标要求。

(三)民族传统体育对场地器材的要求简单,易于学生学习

从当前的情况来看,限于教育经费的短缺和不足,许多小学在短期内对体育场地欠缺和体育器材破旧或缺乏的状况进行改变,几乎是不可能的。

众多的民族传统体育所需要的场地小,器材简单且容易自制,对于在小学教学中开展是非常有帮助的,许多体育条件较差的学校完全可以利用学

---

① 叶欢:《民族传统体育项目纳入小学体育课程资源的可行性研究》,《搏击(武术科学)》2013年第 10 期。

校空地和通过制作简易器材来改善体育教学条件，从而使体育场地器材匮乏的困难得到妥善解决。与此同时，也能够将学生的体育学习热情有效激发出来，在促进自身身心健康发展的同时，传承和发扬传统体育文化。

（四）民族传统体育有利于实现学生个性化教育、满足多元体育需求

人与人之间都是相互独立的个体，其在素质、能力等方面也存在着差异性，表现出个性化差异。因此，对于体育和教育来说，就要求必须重视个性化，将个性化需求体现出来。在体育运动当中，每个学生在身体素质、体育态度、能力等方面都不尽相同。所以，体育教育在基本的统一要求的基础上，还要因人而异，因势利导，因材施教，从而实现体育课程的个性化教育和满足学生对体育的多元化需求。

民族传统体育能够使学生的多元化和个性化的需求得到有效满足，为小学体育资源的开发提供了便利和扩展的空间，对完善体育资源体系、促进学生个性化发展有着重大的现实意义，因此，民族传统体育有着其他体育课程资源所不具有的特性与优势。

第三节　民族传统体育项目纳入
小学体育课程的案例

通过上述分析得知，小学体育课程中存在着一些发展问题，而民族传统体育项目的纳入，对于这些问题的解决有非常积极的价值和意义，且具有显著的可行性的。这里，就对其中较为典型的案例加以分析，从更加具体的角度上了解民族传统体育项目纳入小学体育课程的事实。

一、纳入小学体育课程中的毽球运动

根据我国素质教育改革的要求，中小学学生要求以全面发展和素质教育为主的方针政策，保证学生富有生命力的学习，在学校中开展本地区或者本民族的特色课程。每一所学校都必须以学生"健康第一"为指导思想，保障学生学到运动的基本技能，培养小学生从小养成良好的锻炼意识，实现教学内容的丰富多彩。素质教育的改革要求每个学生的能力得到最大的发展，体育课程改革要注重学生的个性发展。

从小学生各个方面的能力出发,来安排教学内容,确定教学目标。学校所开设的毽球课程本身具有可实施性,小学生可以自主地选择体育课程内容,为小学生素质教育和终身体育打下坚实的基础,所以,毽球课程开设有利于满足学生的不同需要,有利于学生的身心健康发展。毽球被我国体育教育列入体育课程之内,在我国校园内快速开展起来,成为小学生选课的主要目标。因此,如何把毽球在小学校园进一步推广,建设一个良好的体育特色课程成为教育者研究的课题。

(一)毽球在小学体育课程中的开展价值

通常,可以将毽球运动分为三种类型,即花毽、网毽和大众毽。不同类型的侧重点是不同的。其中,大众毽是是群众基础最为广泛的形式,其自身的健身和观赏功能显著,且不受时间和场地的限制。

毽球运动之所以适合在小学体育课程中开展,与其自身所具有的锻炼价值和项目本身特点是有着密切关系的。毽球运动在我国的群众基础是较为雄厚的,并且玩法多样性,而毽球运动技术和规则要求比较简单,使得爱好者很容易接受这一项目。毽球运动对运动者的体能没有太高的要求,并且具有恢复快的特点,体现了一定娱乐性和观赏性。

毽球运动这一特色课程的开设,使小学生的体质得以增强的同时,也能使小学生性情得到改善,学习动机也会有所提升,对于塑造小学生个性心理有着很大的帮助。小学生身体正处在全面发展阶段,毽球运动能培养小学生养成良好的体育锻炼意识,从而丰富了小学生业余文化生活并且增强了小学生的社交能力,有助于小学生身心健康发展和社会适应能力的提升。

(二)小学开展毽球特色项目的策略

1. 要做好毽球运动开展的推广工作

毽球运动本身的健身性和易开展性特点,决定了其能够成为小学体育课程建设中的特色项目。要达到这一目标,首先要做好毽球运动在小学中的宣传和推广工作,这些工作涉及到很多的方面,其中,最为关键的方面是推广。具体来说,就是求学校领导和教师对毽球做好宣传工作。每个年级都应该成立毽球队,在体育课上和课余时间上可以组织学生踢毽球,班主任要做好学生的分工工作。从学校的角度上来说,也要做好定期举办毽球活动或者比赛的工作,尽可能多地让学生对毽球运动产生兴趣,并参与其中。

2. 要将毽球运动项目纳入到小学体育教材中

当前,尽管毽球运动是民族传统体育运动中的一个典型项目,但是,其还没有在小学体育教材上得到体现,这也就在一定程度上制约了毽球运动在小学体育课程中的发展。因此,把毽球项目纳入体育教材上来就显得尤为重要。建设特色项目可以自编一本体育教材,把这一特色项目写在教材上,并以此教材为参考,从而有效推动毽球项目在小学校园中的开展与推广。

3. 做好体育教师的毽球专业培训工作

教师在体育教学中是处于重要的主导地位的,对学生的学习起到积极的指导作用,因此,为了保证毽球运动在小学体育课程中的开展,建设一支具有专业知识的体育教师队伍至关重要。

教师在毽球运动特色项目的开展上起到的作用是非常重要的,因为其是小学体育课程的直接实施者,是学校的办学思想的直接执行者,教育局和学校定期做好对毽球教师的培训工作非常重要且必要,以此来使体育教师队伍的师资建设得到有效加强。

在课程建设中,一定要做好毽球运动的组织建设工作,在小学中成立俱乐部和校队,能够对毽球的技能和知识传播起到一定作用,通过学校体育教师,对学生定期讲授毽球的专业知识,将学生对毽球的兴趣充分调动起来。与此同时,还要在小学中选拔一些优秀的学生作为毽球队员来进行培训,进行系统科学训练,在每次训练中都要做好记录和计划的实施,做好小学毽球球队的梯队建设,为毽球项目在小学体育课程建设中提供一定的帮助。①

二、纳入小学体育课程中的戳脚运动

(一)"戳脚"拳引入小学体育课程具有重要的意义

"戳脚"拳作为传统武术的一个重要内容之一,被纳入到小学体育课程中,其也是传统文化的重要载体之一,意义重要,究其原因有两个方面:一是

① 邹德健:《毽球在小学体育特色项目建设中的价值初探》,《课程教育研究》2014 年第 2 期。

"戳脚"拳的传承性,二是"戳脚"拳的发展性。

一方面,"戳脚"拳属于北方拳种的范畴,有"北腿之杰"美誉,"戳脚"拳在北方的受欢迎程度还是比较高的,学生对这个项目的接受度也比较理想,学习的难度不大,小学生本身的灵活性、柔韧性特点与"戳脚"拳的学习要求正好相符。

调查发现,小学生对"戳脚"拳这一体育课程内容的兴趣是普遍比较高的,学生的浓厚兴趣,保证了这门新兴课程圆满顺利开展。"戳脚"拳在小学校园的普及,实际上也标志着这门武术的传承性得到了很好的延续和保障,只有在小学校园里普及开来"戳脚"拳,才能让这门武术注入新鲜血液,焕发新活力。同时这也是为了传承"戳脚"这门非物质文化遗产,从校园入手,从娃娃抓起是最有效最接的的途径。

另一方面,我国拳种众多,在时间和社会发展的筛选下,只有为数不多的拳种保存和发展下来。所以作为古老拳种的"戳脚"拳,要想避免这种"灭绝"的尴尬处境,找到一套行之有效的科学发展道路势在必行。在小学校园推广"戳脚"拳,并将这门武术学科规范化、程序化,研究出科学的教授方法,再加以传输到学生身上才是"戳脚"拳科学发展的正确道路。

(二)小学体育课程"戳脚"拳课程的内容构建

教学课程的内容涉及很多方面,如主要的课程目标、课程内容、课程结构和课程评价。课程内容的构建,所涉及的构成要素主要有教学计划、教学大纲、教材结果等方面。因此,要将"戳脚"拳这样一个新项目课程引入到小学体育教学中,课程内容的构建起到至关重要的作用。

关于在小学中开展的"戳脚"拳课程的内容,可以分为三个方面,即三个不同层级的课程内容,具体为初级、中级和高级课程,不同层级的课程内容有其相对应的技术技巧,具体如下。

1. 初级课程

这一层级的课程内容,主要是针对那些零基础的小学生而选择的。现今阶段,"戳脚"拳法发展的速度还是比较慢的,从教学的角度上来看,对学生的基本功的忽视已经成为较为普遍的现象,理论与实践的结合程度不高,无法制定出一套适合学校使用的"戳脚"拳教学方案,因此,在选择教学方式时,要以不同的学生个体为依据来进行。初级"戳脚"拳课程见表4-1。

表 4-1　初级"戳脚"拳课程构建表

内容	技术技巧
基本功法	手法(背挎手、反身撩拳、饿狼掏心)
	腿法(鸳鸯腿、砸钉、后点腿)
	步法(倒插步、玉环步、撤步)
套路技巧	了解初级套路知识,掌握理论
拆手应用	撤步双卸手

初级课堂,将那些繁琐的功法技巧去除掉,选取一些简单的功法技巧,让学生在学习的基础上能够准确把握其核心。在本级课程中,教学重点套路认定为基本功和拆手应用,通过反复大量的练习能够使学生对此熟练掌握。同时,还要尽可能使学生在初级课程中就能较为全面地了解和认识"戳脚"拳,从而为下一步的学习打下深厚的基础。

2. 中级课程

这一层级的课程内容,主要针对的是基本功比较好的小学生。具体来说,此类学生的主要特点是,具备一定的武术功底且基本功相对扎实,有着较好的身体素质,手脚的协调性和灵敏度也相对较高,学习能力较好。

由此,可以将"戳脚"拳法核心内容的拆招应用作为教学的重点,保持"戳脚"拳法的技术体系的完整性的同时,使核心技巧得到有效的充实和丰富,从而将拳法的特征和运用突出出来,具体课程安排见表 4-2。

表 4-2　中级"戳脚"拳课程构建表

内容	技术技巧
基本功法	手法(舞花砸捶、托手、撕耳)
	腿法(穿枪脚、玉环步鸳鸯腿、寸踢挑打)
	步法(撤步勾截手、颠踢步、拨草寻蛇)
套路技巧	掌握武趟子第一趟,戳脚的文趟子身法配合
拆手应用	回身套捶、双峰贯耳、缠丝腿

这一层级的课程在基本功法的运用上对小学生提出了更高的要求,不仅要具备相对高级且复杂的技术动作,还要在套路技巧上有扎实的基本功和灵敏的腿部腿法,拆手应用是核心内容,需要学习回身套捶、双峰贯耳、缠丝腿等内容来充实整个"戳脚"拳法的体系框架,使套路演练更加丰富。

3. 着重实践应用能力培养的高级课程

这一层级的课程,将减少对基本功、基本套路、攻防技巧的演练,将加大对实践效果的运用,在高级课堂中,要将学生的领悟力和渗透力作为关注的重点,让每个学生都能当"老师"来获得传承延续"戳脚"拳的基本能力。

高级课堂是初级、中级课堂的进一步升级和发展,其主要宗旨是培养学生的日常训练习惯和领悟能力,在高级课堂的学生已经有了一定的"戳脚"拳技法,在不断地练习当中通过"戳脚"拳专家的指点力求做到做完美从而加深对"戳脚"拳的理解,使拳法的实用性得到显著提升,具体课程见表 4-3。

表 4-3　高级"戳脚"拳课程构建表

内容	技术技巧
基本功法	手法(童子拜佛、海底捞月、下出水)
	腿法(舞花圈点腿、张飞骟马、寸腿钻拳、倒扣金钟)
	步法(斜身绕步砸拳、偷步外磕手、跨虎式、颠起步双撞掌)
套路技巧	掌握武趟子第一趟,长器械、短器械任选一趟进行学习
拆手应用	迎面铁翻杆、翻身劈截手、寸腿掠拳、金丝缠腕

(三)推动"戳脚"拳在小学体育课程中发展的策略

在小学体育课程中推动"戳脚"拳的开展与发展,能有效丰富和充实小学体育课程的内容,对于提升小学生的兴趣、增加其选择性有着重要意义,而目前小学体育"戳脚"拳课程的发展程度还远远不够,需要进一步推动其发展和普及,具体来说,可以从以下几个方面着手进行。

1. 将"戳脚"拳的教学方法和教学途径确定下来

传统武术的教学方法和途径,通常为三个方面,即示范、讲解、练习。

这种传统的教学方式在小学生这一大量群体中的适用程度是非常低的，并且在应用过程中往往会导致动作细节处理不清晰、武术套路衔接不标准的问题出现。所以，这就要求传统武术的教学要与现代技术相结合，比如常见的多媒体、VR 技术等，如此一来，就能让小学生对每个动作细节都有准确的感受和体验，对于熟练掌握"戳脚"拳动作要领、达到教学效果是非常有帮助的。

2. 将小学体育"戳脚"拳课程的实施考核指标详细制定出来

在对武术课程进行考核时，一定要注意遵循武术本身固有的规律和本质。因此，在"戳脚"拳课程的考核上，也要注意其一般的内在逻辑要与武术的本质相契合。

在小学体育"戳脚"拳课程的考核方面，首先，要使"戳脚"拳的教学内容的规范程度有所提升，教学内容上应该化繁就简，让初学者能够较容易地入门，在入门之后，再将那些相对繁琐的复杂技巧传授给学生，以此来将其学习的积极性有效激发出来，与此同时，教师在"戳脚"拳课程的教学过程中，还要遵循教学大纲，对每个步骤的动作要领讲解应当力求合理清晰。

3. 改进和完善小学体育"戳脚"拳课程实施的评价指标

在将小学体育"戳脚"拳课程的考核指标制定出来之后，就需要将评价指标确定下来，同时，要保证其科学性。

"戳脚"拳本身就是一门传统武术课程，这就要求在掌握一定的武术水准的基础上，使学生的身心素质都得到有效改善。从身体的角度来说，在保证身体素质提高的基础上，安排的运动负荷不能太高或者太低，要遵循循序渐进的原则，逐渐增加运动负荷，以保证学生的安全和兴趣的持久性。鉴于此，就要求教师应该客观判断学生的身体素质水平，实时监测学生的脉冲来调节每一个学生的运动负荷量。其次，还要做到对课程内容的合理分配，具体来说，可以以实际情况为依据来开设相关的兴趣班、提高班等一系列针对不同学生群体的班级。[①] 在内容上应该结合现代武术拳种和传统武术拳种来施教，同时，还要将传统思想与现代思想有机结合起来，使"戳脚"拳课程能够得到顺利的开展与发展。

---

① 王丽宁：《将"戳脚"拳种引进衡水市桃城区小学体育课程的研究》，硕士论文，河北师范大学，2017。

三、纳入小学体育课程中的五禽戏

(一)"五禽戏课程"的科学设计

1."五禽戏课程"简介

中国传统文化渗透于小学体育教学中,已经成为小学体育教学的关注重点,每个年级在关于传统文化的课程的开设与选择方面都具有一定的自主性。调查发现,很多学校都具有开设"五禽戏课程"的条件,比如,宽敞明亮的教学环境,以及足够大的学习场地。通过学习、演练、编排中医之"五禽操",使中国的传统医学走进孩子心灵,服务于孩子们身体,让孩子们从小受益。

五禽操是东汉名医华佗根据古代导引、吐纳之术,在研究虎、鹿、熊、猿、鸟的活动特点基础上,与人体器官相关功能相结合所编成的健身气功功法,中华民族传统特色较为鲜明。一般来说,小学的"五禽戏课程"可以大致分为16周课程。每周1课时,即40分钟。为了便于学生学习,并保证学生学习的趣味性,"五禽戏"教师把班级分为5组,即虎、鹿、熊、猿、鸟组,每组学生通过自主学习,创编所在小组的五禽戏。

2."五禽戏课程"实施安排

本课程每周有1课时(40分钟),共计16周完成。其中分为四大阶段,具体课程如表4-4所示。

表4-4　课程实施安排

时间安排	内容主题	具体内容
第一阶段 (1~3周)	课程准备	学生手机体测数据、五禽戏相关介绍 课堂上讨论 分组选定所创编五禽戏项目
第二阶段 (第4周)	动作示范	教师针对其中一节五禽戏进行示范,学生学习并讨论
第三阶段 (5~9周)	动作创编	学生讨论并自由创编五禽戏
第四阶段 (10~16周)	五禽戏小组教学 展示与教学	每个小组轮流在课堂上展示自己创编的操,带领其他学生学习

3. "五禽戏课程"具体实施过程(表4-5、表4-6、表4-7)

表4-5 "五禽戏课程"具体实施过程表

阶段	周次	课程准备工作	课程内容
第一阶段	1	1. 调查数据,教师与学生对部分学生的体测数据加以调查,并进行整理和分析 2. 教师做好身体健康方面的视频准备,以此来让学生提高对健康重要性的认识	1. 分组研究数据,小组讨论并得出相应的结论,对自己的身体状况加以了解 2. 播放相关视频,对身体健康的重要性加以了解
	2	学生手机相关文字、视频资料	学生以小组的形式讨论五禽戏,最终将小组研究对象确定下来,发布项目
	3	课前布置查阅资料的任务	课堂上学生分享五禽戏的历史与典故
第二阶段	4	1. 教师准备一节五禽戏视频,提前发送给学生学习 2. 教师准备音乐:春江花月夜	1. 温习所研究的一节五禽戏重点动作要领,看视频与小组交流 2. 结合猿戏重点动作,深入讨论所研究的一节五禽戏重点动作对人体的作用
第三阶段	5	准备五禽戏视频	观摩五禽戏视频,从直观上了解五禽戏的内容,分解动作学习五禽戏
	6	了解养生操的创编原则、创编方法等	1. 教师介绍创编养生操的原则 2. 播放相关视频,对身体健康的重要性加以了解
	7～9	针对每个小组的实际情况,研究和制定养生操	1. 根据自己本小组的设计理念,将动作绘图完成 2. 小组要将本组养生操的锻炼部位与功效明确下来 3. 选择的音乐要合适
第四阶段	10～13	小组分组练习	
	14～15	每个小组展示并教学各自创编的一节五禽戏	
	16	全体学生练习全套五禽戏	

表 4-6　五禽戏的动作要领

动作名称	动作要领
熊步势	撼运势、抗靠势、推挤势
鹤步势	亮翅势、独立势、落雁势、飞翔势
虎步势	出洞势、发威势、扑按势、搏斗势
鹿步势	挺身势、探身势、蹬跳势、回首势
猿步势	窥望势、摘桃势、献果势、逃藏势

表 4-7　五禽戏的动作分解

动作名称	动作分解
熊步势	模仿熊的神态,笨重中寓轻灵
鹤步势	仿其昂然挺拔、悠然自得立之神态
虎步势	表现出威猛神态,要刚劲有力,刚中有柔
鹿步势	如鹿样姿态舒展,有探身、仰脖、奔跑、回首之神态
猿步势	仿其敏捷好动,有攀树蹬枝等神态

(二)“五禽戏课程”的实施效果

“五禽戏课程”的开展,对小学生产生了非常显著的影响和作用。从知识层面上来说,使学生对五禽戏与华佗的故事有了深入了解;从技能层面上来说,学生能够连贯做出五禽戏且动作规范标准。此外,在五禽戏课程的开展过程中,学生们能够将分工任务(查找资料、设计、绘图、演示)明确下来,并对自己的五禽戏动作进行设计。[①] 如此一来,学生的小组合作学习能力得到有效锻炼,同时,也使其自主学习能力得到有效提升。

1. 学生学习态度方面

通过调查发现,绝大部分学生对这门课程的效果是满意的。因此,大部

---

① 李琳:《民族传统体育文化融入小学课堂的实证研究——以“五禽戏运动养生课程”为例》,《体育教学》2019 年第 39 期。

分的学生在学习更多传统体育课程方面是持积极态度的,这也从侧面反映出了"五禽戏课程"的实施效果是非常理想的,不仅激发出了学生对传统武术的学习热情和兴趣,同时,也为未来开设其他传统体育文化课程奠定了基础。

2. 教师的评价方面

第一,通过相关的调查发现,"五禽戏课程"的设置,能对学生养成利用多媒体信息渠道获取资料的习惯与能力提供一定的帮助。学生在该课程的交流和讨论中,能够通过系统的语言表达,敢于将自己的看法提出来,语气语调适当。除此之外,学生能够在教师的指导下,写出简单的研究报告,同时,还能有效策划那些简单的校园活动和社会实践,并在此过程中进行积极的讨论和分析,完成相关总结。

第二,不同层次学生可以在主动参加过程中来收集和整理相关的数据。对于学生来说,首先应该学会的是通过数学思维方式的运用,对该课程的相关问题进行观察、分析和应对。通过观察、查资料、调查、案例分析等方式,学生能够对五禽戏的相关信息有充分的了解和把握。

第三,"五禽戏课程"对于学生健康养生意识的培养与建立也有着非常积极的意义。

综上所述,该校教师对所开设的"五禽戏课程"的关注程度是非常高的。他们在这一点上的观点是统一的,即弘扬我国优秀传统文化不仅仅是体育学科的事情,其还与其他学科有着一定的关联性,并且学科相互之间是相互渗透的,鉴于此,还提出了专门开设课程进行更为有效的学习的建议。尽管不同教师对五禽戏课程的评价是有所差别的,但是,也有统一的部分,比如,"五禽戏课程"的开设与实施能够有效提升学生的口语表达能力、小组协调能力,同时,还能提升学生运用图书、网络进行自主学习的能力。

(三)"五禽戏课程"的教学启示

1."五禽戏课程"在教学层面的启示

从教学层面上看,"五禽戏课程"采用的教学方式为小组学习,希望通过学习该课程,使学生达到自主学习的目标。

如果学生能够参与到"五禽戏课程"的创编过程中,那么,就能使学生的自主学习能力、小组协作能力得到有效提升,最终创编出新的五禽戏。可以说,"五禽戏课程"开设的最大创新点在于五禽戏的创编。

2."五禽戏课程"在学校层面的启示

从学校层面上看,"五禽戏课程"在学校中的地位还是比较高的,并且受到学校领导的广泛关注与大力支持,这也从侧面反映出了该校领导对民族传统体育文化以及在教学中开设与该文化相关的课程的重视程度。

通过对"五禽戏课程"不断的分析和研究发现,民族传统体育文化被应用于小学课堂教学中已经成为大势所趋。因为这一类型的运动项目与小学生的特点和需求是相适应的,并且能够产生应有的价值,是今后教育事业发展应该关注的重点之一。

第五章　小学体育教学质量
提升之内容优选

体育教学内容始终是众多教学元素中的重中之重,它决定的是传授给学生什么样的知识或技能,是教学的媒介,也正是教学内容将教师与学生紧密联系在一起。为此,不断提升小学体育教学内容的质量是非常必要的。

第一节　体育教学内容概述

一、体育教学内容的概念

体育教学内容,又被称为"体育教材",它是为了实现体育教学目的和体育教学任务,而将各种身体练习、运动技能学习和教学比赛等进行加工后,以教学形态的方式出现在体育课堂上的总称。

体育教学内容是在体育教学实践中展开的教师的"教"与学生的"学"相结合的实践依据材料。它是根据教育主管部门对现代社会人才需求的标准制定的,在总结前人体育和教育实践经验的基础上,遵循一定的原则和程序,从丰富的体育知识和技能中认真精选出来的。体育教学内容是联结教师与学生的中介,它制约着体育教学方法和教学手段,也直接关系到体育教学目标和课程目标的实现。

体育教学内容主要包括两大方面内容,一方面为学生的身体练习,另一方面为与体育相关的理论知识。体育教学内容与一般教学内容和竞技体育训练内容相比有明显的差异。

二、体育教学内容的由来

现代体育教学内容是近代以来逐步形成和发展起来的,而我国最早的体育教学内容可追溯到春秋战国时期,当时孔子兴私学,其教学内容"六艺"中的"射""御"就是体育教学的内容。在人类社会漫长的发展历史中,不同的文明都存在类似的体育教学内容的痕迹,而这些传统的体育教学内容也对现代体育教学内容的发展产生了潜移默化的影响。因此,有必要对近代体育教学内容的来源进行探讨。

(一)体操与兵式体操

公元前 7 世纪时,古希腊就出现了指导青少年和市民参加竞技的职业,而在公元前 5 世纪时,体操化已经实际分为了三类,分别为竞技体操、医疗体操和教育体操。在 18 世纪的欧洲,开始出现运用于青少年的教育和军事训练的"兵式体操",其是对原有的体操项目的继承和发展。近现代学校体育教学中的体操类部分大都源于"兵式体操"。

(二)游戏和竞技运动

很多学者认为,游戏是原始体育教学的基本形式,原始人类各种生存技能的掌握和学习都是通过"游戏"的形式来实现的。早在近代学校出现之前,很多学校中都有相应的游戏内容,随着市民体育的不断发展,一些"游戏"逐渐成为正规的竞技运动。随着资本主义在西方各国的先后确立以及工业革命的开展,竞技体育运动界得到了迅速的发展。现代竞技体育运动伴随着殖民扩张逐渐传播到世界各地,经教会学校的传播逐渐发展成为了各国体育课的重要内容。

(三)武术与武道

在古代体育教学中,很多体育教学的内容多是一些实用的军事性技能,如我国的"射""御",以及欧洲的"射箭""剑术",这些内容构成了现代体育教学内容中"武术"和"武道"内容的基础。随着冷兵器时代的结束,这些内容逐渐失去了其作为军事手段的意义,并向着健身和精神历练方面发展,并在很多国家的体育教学中占有了一定的位置。

(四)舞蹈

舞蹈是各国民族文化中的重要组成部分,并且其伴随着人类社会的发展而逐渐完善。舞蹈起源于人们的生产、日常生活、宗教祭祀等,是人类智慧的结晶。在近代学校中,很早就有了舞蹈的内容,一些韵律性体操类项目也随着瑞典体操的发展而逐渐兴起。在韵律体操的基础上,艺术体操、健美操等也逐渐兴起。

三、体育教学内容的构成

尽管在小学阶段,受学生身心发育水平所限,一些体育教学内容的安排会有所斟酌,但仍旧有许多有益小学生身心发展的内容可以安排到体育教学内容当中。除考虑到学生的接受程度和对其身心的促进度外,选择体育教学内容还应兼顾未来社会对学生的综合素质的需求。

一般情况下,小学体育教学内容可分为基本教学内容和任选教学内容两大部分。

(一)基本教学内容

1. 体育、保健基本原理与知识

体育教学的目标就在于培养学生的身心素质,让学生了解体育与健康的关系。过去很长一段时间的体育教育理念过于看重对学生某项运动技能的培养,忽视了最根本的健康教育,如此使得体育教学过于片面性,通过保健与卫生知识的传授使学生认识到健康的重要性和身体健康所需要的环境,有意识地改变自己的习惯来适应环境,从而更自觉地爱护环境,爱护自身的健康状态。教学中,应注重将体育保健基本原理和知识与实际生活中遇到的问题相结合,能让学生在学习知识之后解决生活中遇到的问题,给他们一种学有所用、学以致用的感觉,以此能更加激励他们学习的热情。在选择这类教学内容时,还应注意知识点彼此之间的逻辑性和关联性,最好能从当前社会的发展潮流中精选体育、保健原理,并注意考虑结合运动实践部分的内容来组织教学。

2. 球类运动

小学体育教学内容中的球类运动主要有足球、篮球、排球、乒乓球、羽毛球、网球等常见球类项目。球类运动中总是充满变化的,其中也包含大量的技战术内容的学习,是一种较为复杂的运动。通过球类运动的教学,可使学生对球类运动的基本情况和共性规律有一个基本的了解。对每项球类运动的学习除了要掌握基本的技战术外,还应掌握与项目开展相关的其

他能力,如组织竞赛的能力和执法比赛的能力。不过,鉴于球类运动教学内容中的技战术较为复杂,且众多技战术中彼此关联度较高,为此很难单独挑选出某种或某几种技战术来学习,若完全学习所有技战术又会耗费大量的时间。因此,如果要选择某项球类运动作为体育教学内容的话,则需要从较为宏观的层面考虑,尽量将技战术教学与比赛和其他形式的运动实践结合起来。

3. 田径

田径运动的基础就是人的走、跑、跳、投等活动,鉴于其运动方式的基础性,也就有"运动之母"的赞誉。向学生教授田径运动知识与技能,可使学生对这项运动有更多的了解,明确田径运动的重要意义和其对人体健康的积极作用,特别是对看似最基本的走、跑、跳、投等能力有更多的规律性认识。种种这些能让学生从更深层处看懂田径,了解田径赛事的组织方法。总的来看,田径教学内容依托于田径运动技能而来,与此同时其中还包含着培养人的意志品质、完善人格等内容。因此,对田径教学内容的选择和实施还应考虑文化、运动、心理和体质提升等方面。

4. 体操

体操运动也是人体基本活动技巧的一种展现,其包括基础体操和器械体操等多种类型。无论哪种形式的体操,其对人都有全面提升身体素质的作用。作为一项历史悠久的运动项目,其在发展人的身体素质的同时,还能培养人克服困难的能力和坚定的意志品质。将体操选入小学体育教学内容之中,有助于学生了解体操运动的基本知识和体操文化,认识到这项运动所具有的多方面价值,掌握一些典型的、实用性较强的体操技能。

分析体操教学内容应特别关注到其竞技、心理、生理等诸多方面,要避免片面地只关注其竞技属性。对于小学开展的体操教学,应特别注意在教学过程中遵循循序渐进的原则,并主要做好课堂管理和对学生的动作保护工作,力求让学生在安全的环境中切实提升体操运动技能。

5. 民族传统体育

民族传统体育运动是我国传统体育文化的一种展现,其内容主要包括传统武术、养生气功、少数民族传统体育运动等。将这类项目引入到小学体育教学内容当中,有助于使学生了解本国优秀文化和民族传统事物。特别是学生在学习我国传统体育文化的代表——武术时,不仅能通过身体动作上的练习达到强身、健体、防卫的作用,还能在学习过程中培养出武德精神,再将其与爱国精神、民族自尊心的培养相结合,教学效果更好。

鉴于民族传统体育项目的培养规律以及一些项目就要练就过硬的基本功,这使得对这项内容的教学往往需要较长时间。如此一来,对民族传统体育的教学重点不应只片面地放在学生必须要完成一套动作,而是应根据学生的身心特点和实际能力传授,并且在过程中还要注意强调教学内容文化性与实用性,即在技能传授时还应配合讲授运动项目的起源与发展过程等文化背景内容。

6. 韵律运动

所谓的韵律运动就是指那些需要在音乐伴奏下进行的操舞类运动。适合小学开展的韵律运动主要有民间舞蹈、健美操、韵律操、广播体操等。通过韵律运动项目的教学,可使学生了解相关项目的特点与规律,掌握基础韵律运动动作和套路,甚至是培养学生自我创编动作的能力。最终力求通过韵律运动教学,实现改善学生体态、提升学生韵律感和身体表现能力。

韵律运动不同于其他体育运动项目,相比之下,它含有更多的艺术成分。为此,在培养中应注意结合审美观、舞蹈理论、音乐理论等来培养,杜绝只关注动作或套路练习的教学思维。

(二)任选教学内容

我国国土面积广大,民族众多。正是在如此多样的环境下,我国各地区、各民族的群众创造出了形式多样、数量众多的传统体育文化,而这就为小学体育教学内容的任选提供了丰富的内容资源。任选教学内容的出现实际上也在很大程度上丰富了一些边远地区或经济欠发达地区学校的体育教学内容资源,这些内容带有显著的因地制宜性,更有利于当地学校了解本地区的文化特色。

就实际当中选择任选教学内容时,可能会出现内容在体育教学大纲中没有较为详细的说明与教学指导,为此,教学内容选择人员应为这类内容制定一套较为完善的教学要求与目标,以使教学内容具有科学性与系统性,切实使学生在通过对该内容的学习后学有所得。

第二节　小学体育教学内容优选

一、小学体育教学内容的选择

（一）体育教学内容选择的依据

体育课程教学目标是其教学内容选择的依据。不过，由于体育教学目标具有多元性特征，再加上体育运动之间的可替代性较强，因此就给体育教学内容的选择增加了难度，由此也就使得在确定体育教学内容时总要围绕学校的体育教学目标而来，且要保证教学内容的科学性和有效性，要满足未来社会对学生的综合素质的需求，而不能是随意选择的。

（二）体育教学内容选择的基本原则

1. 科学性原则

体育教学内容选择所遵循的科学性原则，要求所选择的教学内容应充分考虑到学生的整体情况和个体差异，力求使每个学生在通过这一内容的学习后都能有所收获。另外，这一科学性原则还要求教学内容的选择应关注到学生不同年龄段中的身心发育特点，内容要与之匹配，避免选择出的教学内容运动量和难度超过小学生的实际能力，这是确保教学内容给学生身心带来促进作用的保障。

2. 基础性原则

体育教学内容选择所遵循的基础性原则，要求所选择的体育教学内容能切实提升学生的基础体育运动能力和健康维持能力，帮助学生搭建好自身的健康基础。此外，还应帮助学生搭建好一个足够让他们长期参与体育运动的能力，进而带动他们综合体育文化素养的提升。为此，在选择体育教学内容时就应刻意选择那些与体育和健康相关的、较为基础性的知识或技能等内容。

3. 实用性原则

体育教学内容选择所遵循的实用性原则,要求所选的体育教学内容应是具有鲜明生活教育色彩的,符合现今社会的发展要求与发展趋势。此外,还要求所选教学内容要能够解决学生日常生活中的某些问题,如激发他们对体育运动的参与兴趣,或是提升了他们的运动能力,亦或是使他们具备了组织体育活动或协助体育活动开展的能力等。为此,就要求所选择的教学内容一方面注重夯实学生的运动基础,另一方面则应符合学生对体育活动参与的需求和兴趣。只有这样,才能让学生感觉到所学的知识或技能在生活中是具有使用价值的,而不是脱离了学校后就毫无用处的。

4. 统一性原则

体育教学内容选择所遵循的统一性原则,要求所选的体育教学内容应能体现出与学校体育教学目标的一致性。具体来说,就是要求所选择的体育教学内容与学校制定的体育教学目标相匹配,针对性较强,且内容要积极向上、有健康促进作用和教育意义。

5. 可行性原则

体育教学内容选择所遵循的可行性原则,要求所选的体育教学内容应考虑适合学校所在地区的大多数学校的实际条件。这些条件具体包括体育硬件条件、教师水平、学生学情等。如果忽视可行性原则,那么不管教学内容有多么新颖,学生多么青睐,待到真正要组织实施教学时,就会发现教学活动难以开展,实践教学缺乏可行性。

6. 兴趣性原则

体育教学内容选择所遵循的兴趣性原则,要求在选择体育教学内容时应关注到广大学生的体育兴趣。兴趣是最好的导师,只有对于有兴趣的事物,学生才更能倾注精力学习,学习动力也最为强大。因此,在选择体育教学内容时务必要从学生的角度出发,考虑到他们的兴趣和需求,如此使他们在学习中能够获得更多的参与感和成功感。

(三)体育教学内容选择的过程

1. 对体育素材进行认真分析和评估

在进行体育教学内容选择时,对体育素材进行认真分析和评估是选择的第一步。体育教学内容的选择要从社会的生产生活以及教育、科学等的发展的实际出发,对现有体育素材的分析和评估,重点考虑这些内容是否对学生身体健康以及思想品质具有积极的促进作用。同时,还应注意将不符合教育要求、不利于学生身心健康发展的体育素材删除。

2. 对体育运动项目和身体练习进行充分整合

不同的体育运动项目和身体锻炼形式,会对学生的身心产生不一样的作用和影响。因此,在选择体育教学内容时,在以学校体育教学目标为根据的前提下,要认真分析各个体育运动项目是如何促进学生身体不同部位的健康的。然后将各个体育运动项目与身体练习进行整理与合并,作为形成体育教学内容的基本素材。

3. 选择有效的体育运动项目和身体练习作为体育教学内容

体育运动项目与身体练习所具有的多功能性与多指向性特点决定了他们具有很明显的可替代性。由于大多数体育运动项目都可以成为学校体育教学内容的基本素材,因此学校体育教学内容在运动项目方面具有较强的选择性。但是由于学校体育教学时间有限,不可能在学校体育教学内容中选入过多的体育运动项目与身体练习。因此,体育教学内容的选择应以社会的需求与条件作为依据,并充分考虑不同学习阶段学生的身心特点和兴趣爱好,从而在众多的体育运动项目和身体练习中选择出比较典型、实用的体育运动项目和身体练习作为学校体育教学的内容。

4. 对所选择的体育教学内容进行可行性分析

在进行体育教学内容的选择时,还应对所选内容的可行性进行分析。体育教学内容会受到地域、气候条件等的影响,在某一个地方能够实施的内容,在另外一个地区则不一定适合实施。而且,体育运动的实施还需要有一定的场地器材条件作为保证,能够在某一个学校实施的课程内容,不一定能够在另外一个学校实施。因此,体育教学内容的选择一定要对场地器材的可能性进行充分地考虑。选择同样的课程内容时,一定要为各地、各校选择和实施体育教学内容留下足够的余地,并要保证各地、各校执行的弹性。

选择的体育教学内容是否合理对体育教学设计的科学性有着直接的影响,其对整个学校体育教学效果也有十分重要的影响。在以往的体育教学内容选择过程中,往往是直接将体育运动中的运动项目移植到体育教学内容中,或者简单地根据与学校体育教学目标对应的要求选择相应内容,这样是非常不科学的。

二、小学体育教学内容的挖掘

(一)筛选法

筛选法是依据标准从数量众多的体育教学内容中将最适合小学开展的内容选择出来的方法。对小学体育教学内容的筛选通常要经过如下几个步骤。

第一,列出可供选择的体育教学内容清单。

第二,制定筛选标准。对教学内容筛选标准的制定是核心步骤,这一标准并不是恒定的,而是会受到教学主体的不同和目的的不同产生些许差异。影响筛选标准的因素主要有国家教育和体育教育的理念、政策、指导思想,学校体育教育的目标、硬件条件、师资水平、学生素质等。

第三,落实筛选工作。根据筛选标准最终将体育教学内容确定下来。

对于小学体育教学内容的挖掘来说,筛选法的使用不应是单一的,如果能将其与其他方法相结合,则无疑更能增加体育教学内容挖掘的合理性。

(二)改造法

改造法是指对原体育教学内容中的某个部分进行针对性加工和改造,使之成为一种新形式的体育教学内容的方法。对体育教学内容的改造步骤如下。

第一,深入了解学校条件和学生学情。对学校条件的了解主要为学校体育运动场地和设施情况,师资水平情况。对学生学情的了解主要为学生的年龄、身心发育特点、体育兴趣、生活经验等。

第二,分析体育教学内容的构成要素。实际上,对体育教学内容的改造实际上就是改其中的某个要素,因此,深入分析教学内容的构成要素是顺利完成改造工作的基础。

第三,改造体育教学内容的构成要素。根据教学目标,对体育教学内容中的某一要素进行改造。改造的趋向通常为向动作、文化、游戏、实用性、简化、变形等方向的改造。

第四,对体育教学内容进行重构与修改。将改造后的教学内容运用于课堂,并注意评估其在教学实施过程中的情况,若存在一些不足,则需及时对其中有问题的元素再度进行修改,然后再通过教学实践来检验,最终得到一个应用性极佳的教学内容。

（三）整合法

整合法是指将多种体育教学内容中的要素依据一定标准结合成新的教学内容的方法。在体育教学内容资源的挖掘实践中，这种方法的使用较为普遍，其步骤主要如下。

第一，确定整合目的。采用整合法开发新的体育教学内容的目的主要为意图发挥出教学内容中的多种功能，提升教学内容的适应性和趣味性等。当确定了整合目的后，才能开展后续整合内容的工作。

第二，确定整合方式。对体育教学内容中不同要素进行的整合有多种方式，整合的方式主要有取舍、叠加、顺序变换等。具体方式的选择要依据教学内容的要素特点而定。

第三，完成整合工作。在整合之前，如有需要，还要对教学内容中的要素进行适当地修改，这会让整合变得更加顺畅和高效。

第四，检验与修改。通过教学实践来检验整合后的体育教学内容的实际表现，如果发现其中存在问题，则需重新对问题点做出修改和调整，然后再通过教学实践检验，直到完全适合教学。

（四）拓展法

拓展法是指对原有体育教学内容的具体内容、形式和功能等进行补充或延展后得到的新的教学内容。在体育教学内容资源的挖掘实践中使用拓展法的步骤如下。

第一，分析教学内容的性质和特点。对体育教学内容性质与特点的分析要深入每个要素之中，这样做的目的是为了对后续工作提供准确依据。

第二，发现可拓展的空间。发现拓展空间是在教学内容性质和特点上来做的，以此为基础，找寻哪些点可以拓展，哪些点必须维持原样，即便是可拓展的地方，也要考虑好是应对内容结构进行拓展，还是对内容的呈现方式或功能进行拓展。

第三，对教学内容进行尝试性拓展。对体育教学内容进行拓展时应注意利用好学校、家庭、社区的各项体育资源，在拓展过程中也应对内容做适当增减或改造，以使拓展工作更加高效可行。

第四，整理、实施与总结教学是否科学、合理。通过教学实践来检验经过拓展后的体育教学内容的实际表现，若发现其中存在问题，则需做出修改和调整，然后再通过教学实践检验，直到完全适合教学。

（五）总结法

总结法是指对多种体育教学内容开发的成果进行经验总结后，归纳出最有代表性的教学内容的方法。实际上，在体育教学内容开发中，对过程或结果的总结既是步骤中的一环，又是一种开发方法。

在体育教学内容资源的挖掘实践中使用总结法的步骤如下。

第一，反思教学内容的开发过程。将体育教学内容的开发过程中的各种经验、成果、疑惑、困难等进行回顾和反思，反思要做到事无巨细，以便为后续的总结提供有效信息。

第二，总结教学内容开发并汇总出文字材料。将反思情况以文字形式呈现出来。

第三节　小学体育教学内容拓展

一、小学体育教学的健康教育内容

（一）小学生健康教育的重要性

1. 小学生健康现状不容乐观

通过我国定期对国民体质进行的检测所得出的数据显示，如今我国学生的营养状况得到了根本性改善，但就小学生这个群体的体质健康状况来说则并不理想。具体来看，那些反应小学生身体发育状况的数据大多比此前的检测所得出的数据有所上涨，但关乎学生身体机能和身体综合素质的数据则连年下降，其中，患肥胖症和近视眼的学生大幅度增加，目前已成为危害少年儿童健康的最大问题。

然而，要想遏止住少年儿童体质状况下滑的事实，仅靠学校一方面的努力是绝对不够的，还需要家庭乃至全社会的关注和努力才能做到。为此，国家在 2006 年就发起了"全国亿万学生阳光体育运动"的活动倡议，这也为体育教师开展体育教学工作和支持课外体育活动提供了政策支持。

2. 健康行为应从小养成

事实上,人在成年阶段患上许多病症,其根源在其儿童青少年时期就已经埋下。由此可以看出许多健康行为都要从小养成。现如今在儿童青少年阶段出现最为普遍的就是肥胖症和近视,就肥胖症来说,这与日常不合理的膳食搭配及运动不足有关,这些问题都是不良的生活习惯导致的。一个良好行为的养成需要历经较长的时间培养,如果能在人的成长过程中的每个阶段都抓好对健康行为的培养,则形成良好的健康行为习惯就非常容易,否则在没有良好习惯的基础上想半途培养,需要耗费更多的时间且要付出更多的努力。当然,不论何时意识到不良习惯需要得到改正都是为时不晚的,只要能坚持下来,绝大多数最后还是能得到好的结果的。

鉴于此,就需要小学教育工作者,特别是一线教师,在关注学生文化知识和道德水平培养之余,也不要忽视了对学生的健康教育,以此在最合适的时期培养出他们正确的生活方式和健康维护方法。

3. 健康教育是学校教育的一部分

国家教育委员会早在 1994 年,就在其下发的《实行新工时制对全日制小学、初级中学课程(教学)计划进行调整的意见》中对针对学生开展的健康教育做出过明确规定,即规定每周用于开展健康教育的时间不得低于 0.5 课时。后来在 1999 年,国务院在《关于深化教育改革全面推进素质教育的决定》中提出了"学校教育要树立健康第一的指导思想""培养学生良好的卫生习惯,了解科学营养知识"等要求。诸多倡议和要求都促使广大教育工作者要转变理念,重新认识健康对学生成长的重要性,以及学校在这项工作中应发挥的作用。

通过以上表述可知,从小学阶段就注重对学生开展健康教育,可使学生体质健康状况得到最大改善效果,这也是体质改善的最佳时机。而健康教育也理应被学校看作是众多教育内容中的一项,且应适当提升其在教学内容中的比重。

(二)健康教育与体育的关系

实际上,从健康教育的本质上来说,健康教育与体育教育有着不解之缘。国家早在 20 世纪 70 年代末就决定了要将"预防为主、提高学生的健康水平、培养学生良好的卫生习惯、防治学生常见疾病"作为学校卫生的工作任务。然而上述任务的实现,主要是依托学校进行,最终这项工作任务就落实到了学校体育教育之上。从根本内容上看,健康教育和体育教育既有区别又有联系,这些区别体现在两者教学的目标、内容、方法等方面。对健康教育和体育教育两者的不同点和相同点进行分析,有助于教师和学生更加全面地了解健康教育和体育教育之间的关系,也有助于教师明确自身的教育任务。

1. 健康教育与体育的区别

(1)健康教育和体育教育的目标不同。健康教育的目标在于树立起学生一个正确的健康观,培养他们的健康意识,掌握必备的健康方法,养成正确的健康习惯,以此促进他们身心健康保持在较高水平。体育教育的目标在于促进学生身心素质水平的提升,其是以传授给学生体育运动知识与技能为主要形式,以使学生养成终身体育意识。

(2)健康教育和体育教育的内容不同。健康教育的内容主要为与增强学生健康意识和养成正确健康习惯有关的内容。体育教育的内容则主要以某项体育运动的运动技能为主。

(3)健康教育和体育教育的组织形式不同。健康教育的组织形式众多,常见的有课堂教学、保健行为实践指导、健康讲座、健康咨询和健康行为矫正等,此外还伴随有一系列学校或班级组织的宣传活动。体育教育的组织形式主要为课堂教育、课外活动、运动队训练和运动竞赛等。

2. 健康教育与体育的联系

尽管健康教育与体育教育有一定的差异,但同样作为学校教育的组成部分,两者又有着一些关联。

(1)健康教育和体育教育全都以"健康第一"作为教育指导思想。健康教育自不必多说,这是培养学生的健康意识,提高健康素养,为其一生奠定良好健康基础的教育。体育教育中即便所学内容为运动技能和运动知识等,但实际很大程度上也提升了学生的身心健康发展,如此也相应提高了学生的健康素养。此外,体育教学中所涉及的运动项目有很多是集体项目,学生经常参加集体项目,更有助于他们从人际交往等社会化行为中获得宝贵的经验,这也是完善他们人格和心理塑造的关键环节。因此,两者在落实"健康第一"的指导思想上是存在一种互为补充的关系的。

(2)健康教育是身体教育的重要内容,体育教育则是实现健康的重要手段。在小学阶段的体育教学中,包括有促进学生建立运动健康及运动安全的理念和方法。而在健康教育中包含的健康行为、疾病预防、生长发育促进、安全应急与避险等内容中有很大部分都要依靠体育运动来实现,就连对学生的一些不良行为的矫正也会通过运动的形式进行。因此,两者在健康促进方面也是彼此联系紧密的。

（3）健康教育与体育教育的结合能够更好地促进学生的体质与健康发展。过往很长一段时间内，学生之所以对体育教育缺乏兴趣和喜爱，其原因在于当时的体育教育理念太过看重运动"三基"的教学，忽视了与健康教育的联系。在这样的教育下，难免培养出了一些只对运动技能有所掌握，却对正确的健康运动方法一知半解的情况。事实证明，只有将体育教育与健康教育相结合，才能使学生在运动过程中获得健康，在健康教育中理解如何科学运动对学生树立健康意识和激发他们的运动兴趣有重要意义。

（三）小学健康教育的目标、原则和内容

1. 健康教育的目标

小学阶段开展的健康教育的总体目标是为学生打好受益终身的健康基础。在总体目标之下还有几项具体目标，详情如下。

（1）建立起学生足够的健康意识与公共卫生意识。

（2）减少或消除对学生健康可能带来消极影响的因素。

（3）学生通过学习应了解健康相关知识以及掌握必备健康技能。

（4）鼓励和支持学生为保持自身健康而做出的努力行为。

总的来看，小学阶段开展的健康教育就是为学生创建一个良好的有助于他们身心健康的环境，在这一环境中再通过诸多健康知识和健康技能的传授实现学生自我对自身健康的维护行为。

2. 健康教育的要求

在小学中开展的健康教育的目标是培养小学生的健康意识和提升他们的健康素质，这一阶段的健康行为培养更加关注实用性，即能切实让学生养生有利于自身健康的行为习惯。而为此，在开展健康教育时应注意做到如下几点要求。

（1）要将对健康知识与健康技能的传授放在同等重要的位置，不应忽视任何一方面。

（2）对健康知识与技能的传授要以螺旋式递进，以最大限度获得学习进度和学习扎实度之间的平衡。

（3）健康知识、健康意识和健康行为等内容的传授要做到整体统一。

（4）具体小学健康教育的内容在大纲范畴下可与学校实际相结合后确定。

（5）健康理论知识要紧密贴合学生的实际生活。

从上面的要求可以看出，现如今倡导的健康教育与传统健康教育的最

大差别就在于现代健康教育更关注所学内容能对学生的健康产生真正影响，并且在结合了小学生的身心发展与特点后，还会从他们具体的健康需求着眼，由此展现出了更强的实用性。

3. 健康教育的内容

小学开展的健康教育内容在教育部制定的《中小学健康教育指导纲要》中有明确规定。表 5-1 中就罗列了具体的健康教育内容，并对应年纪划分出了不同等级水平。

表 5-1 小学生健康教育内容及分级

内容 / 水平	水平一 （1～2 年级）	水平二 （3～4 年级）	水平三 （5～6 年级）
健康行为与生活方式	养成良好的卫生、饮食、行为习惯；保护好眼睛和牙齿	养成良好的用眼、学习、起居和体育锻炼的习惯；正确处理生活垃圾；保持营养平衡；避免被动吸烟	养成健康的生活方式，关注视力异常，远离毒品
疾病预防	认识传染病、小学生应接种的疫苗；远离传染病；常见的其他疾病的预防	肥胖、寄生虫病及其他学生常见疾病的危害与预防；警惕电器辐射	贫血、常见肠道传染病、常见眼病、龋齿、近视、肝炎、结核、艾滋病等对健康的危害及预防，以及成年期病的早期预防
心理健康	心理健康标准，日常礼貌用语，与人相处的技能，传统美德，培养广泛的兴趣和爱好	正确认识自己，学会与异性同学交往，了解心理与健康的相互关系	学会自己做事，培养自信，应对挫折，调节情绪，学会放松
生长发育与青春期保健	身体的外形及名称，内脏器官的名称，我从哪里来，小学生生长发育的规律和特点	人的生命周期，人体主要器官及其功能，保护身体器官	青春期发育的特点、个体的差异及青春期保健常识

续表

内容＼水平	水平一 （1～2 年级）	水平二 （3～4 年级）	水平三 （5～6 年级）
安全应急与避险	校园（文具、玩具）安全、游戏与锻炼安全、中毒（蛰、咬伤）及小外伤的应急处理，正确拨打求助电话	运动（游泳）安全，意外伤害的处理，火灾的逃生与求助，地震的逃生与求助	认识常见的危险标识，正确面对疫情，掌握交通事故的应对方法，急救的四大基本操作技术，提高网络安全防范意识

二、小学体育教学的德育教育内容

（一）"立德树人"理念下体育课堂中德育渗透的必要性

在 21 世纪的今天，素质教育理念已经深入到各级各类学校之中。在教学活动中增加德育内容是响应素质教育理念的一种体现。体育教育中也有可供德育内容融入的空间，但在实际融入中还是出现了一些问题。这一问题主要表现在德育内容融入体育教育的方式较为生硬，本来体育教学给学生以活泼、愉快的氛围，但如果教师将德育内容一板一眼地讲授出来，其基调总是会显得与体育教学的氛围格格不入，如此长久下来，会引起学生的厌烦情绪，其结果不光是德育效果没有实现，还使学生厌烦了体育课。因此，为了将德育内容毫无痕迹地融入到体育教育之中，就需要教师巧妙设计教学内容，并在对体育活动内容的讲解中有意识地增加一些对学生道德品格方面的正面引导，由此使学生在潜移默化中接受道德教育。

（二）"立德树人"理念下体育课堂中德育渗透的路径分析

本文以"立德树人""小学体育""德育渗透"为检索关键词，通过中国知网、上海市嘉定区苏民学校图书馆及网上数据库等搜索方法，大量阅读有关教育学、教育心理学、教育德育等方面的书籍，为本文研究提供理论参考与借鉴。以上海市嘉定区南翔片区 5 所小学为例，进行问卷调查，并对 20 位体育教师及相关领导就体育教师对课堂教学中德育渗透的理念、形式、实施、反思进行访谈可知，"立德树人"理念下小学体育课堂教学中的德育渗透体现在以下几个方面。

1. 身正为师、德高为范，德育教育应先从教师自身做起

调查可知，几乎所有的学生都希望自己的体育教师阳光、开朗、不乱发脾气、可以融入学生。一名献身于体育教育事业中的教师应具有远大的理想、高尚的情操、丰富的知识、认真的态度及一颗满怀着爱的心，这些都会对学生起到至关重要的示范作用。教师整洁大方的衣着、自然端庄的教态、生动形象的语言都在时时刻刻潜移默化地影响着学生，特别是教师细微的师爱品质和师德行为，都可能改变一个学生一生的道德观念。因此，教师在教育教学生活中必须严格要求自己，抓好个人师德师风建设，年轻教师更要通过自己的言行举止、文化修养、精神风貌和工作态度来潜移默化地感染学生，要加强自身修养，通过精湛的技艺、崇高的精神、良好的师德推动体育课堂教学中的德育渗透。

2. 深度挖掘教材内容，将体育与德育有机融合

俗话说："智育不好出次品、体育不好出废品、德育不好出危险品。"小学体育学科的教材内容丰富、种类众多，有许许多多的内容可以与德育教育结合起来进行教学。调查显示，94％的学生在问卷中指出，通过游戏的形式是学生最喜欢的教学方式。作为新时代的体育教师，在备课过程中要仔细研读教材并进行反思，挖掘教材内容中的德育资源，并结合学校学生的实际情况，将德育融入小学体育课堂中去。例如，小学二年级教材"跑几步单脚跳过一定高度的橡皮筋"，体育教师就可以结合游戏教授学生技能，逐渐提高小皮筋的高度，来教育学生面对困难勇于挑战、决不畏缩的美好品质；并且在学生练习过程中，提醒学生互相保护帮助，这样也潜移默化地培养了学生之间团结协作、互帮互助的团队精神。

3. 信息化环境下的体育课堂，德育教育应更加丰富多彩

在科技飞速发展的今天，信息技术已经非常完美地融入了课堂中，体育课也不应一直局限于操场或者体育馆中。当遇到雨雪或雾霾天气学生不宜在室外活动时，许多教师仅让学生在教室自己看书或写作业，一节 35 分钟的体育课便这样白白浪费，学生没有学到任何体育知识。遇到这种情况，体育教师可以运用先进的多媒体技术，给学生播放一些比赛视频。通过观看各类体育竞赛视频，学生既可以学习到正确的体育技能及动作，更能切身感受到体育运动的竞技魅力，体会到运动员为了国家荣誉勇于拼搏、积极向上、坚定自信等优良的个人品质。例如，我国优秀的运动员刘翔、姚明等对现在一、二年级的学生来说可能非常陌生，那么，在遇上阴雨天气不便外出

的时候,教师可播放一些他们运动生涯的闪光时刻,如刘翔在 2004 年雅典奥运会 110 米栏一举夺冠并且追平世界纪录,成为中华民族史上首位奥运会 110 米栏金牌获得者。在观看视频后,教师可通过多媒体、图片等向学生介绍黄种人在田径赛场上的劣势,对学生讲解刘翔夺冠对中国体育发展的意义及重要性,教导学生面对艰难险阻决不低头,只要认真刻苦,没有什么困难是克服不了的,继而启发学生的民族自豪感和爱国主义精神,激发学生的体育锻炼热情。

4. 德育渗透需要生活化、长期化和系统化

学生形成良好的人生价值道德观念,需要漫长的过程和长期正确的引导,不是一朝一夕能够培养成功的。在体育课堂教育教学过程中,教师要仔细关注每一位学生的行为习惯,关注课堂上的细节,自然而然地引入体育德育,让德育渗透进体育课堂的同时也不会影响正常的体育教学,使体育教育与体育德育相辅相成,并联系日常生活,使学生对德育理解更深刻,德育学习更有效果。例如,在带领学生练习障碍跑时,可以联系现实生活,创设消防员战士执行任务的情景,让学生学习技能的同时,也让每位学生能体验消防员战士的基本行动,体会消防员战士的艰辛。在教学过程中,教师可结合学生的日常生活与消防员战士的行动,让学生提高节约用水、安全用电、谨防火灾的意识,更激发学生对消防员战士的尊敬之情与爱国主义情怀。

5. 凸显学生的主体地位,提升课堂德育渗透的效果

调查得知,绝大部分的体育课堂教学中都是以教师为教学主体,学校体育德育存在"假、大、空"的现象,德育教育往往都是教师在课堂上僵硬地灌输给学生,导致课堂过程生硬、不流畅,学生的接受度不高。事实上,在教育的过程中应凸显学生的学习主体地位,充分发挥学生的主观能动性,让学生自主学习、领悟、体会德育知识。例如,在地滚小皮球公开课上,教师可利用不断缩小球门宽度的方式来提高地滚小皮球的难度。在练习过程中,每当难度提高时,都会引导学生大声喊出加油,给自己也给同伴鼓劲打气;当同伴挑战成功或者失败时,教师应教育他们要表扬同伴或安慰同伴。久而久之,学生潜移默化地学会了面对挑战,相互之间会相互鼓励,无论成功与否,都不会嫉妒或幸灾乐祸,而是夸奖与安慰。通过引导与启发,让学生自主体会到了同伴之间互帮互助、团结友爱的意志品质,远比教师古板的灌输有效果得多。

第六章　小学体育教学质量提升之方法创新

　　小学体育教学质量的提升受多方面因素的影响,其中教学方法的创新是非常重要的一个方面,因为教学方法是实现教学目标、提高教学质量的重要途径,通过利用各种教学手段和方法,体育教学质量才能得到提升。本章主要研究小学体育教学方法体系,重点研究体育教学方法如何创新以及创新教育理念下体育教学方法的设计。

第一节　体育教学方法概述

一、体育教学方法的概念

　　很早以前,国内外的诸多教育专家级学者就开始体育教学方法的研究,通过一段时间的研究,在体育教学方法概念的界定上初步达成了共识。关于体育教学方法的概念主要集中于以下几点。

　　(1)体育教学方法是体育教学质量的重要保障,属于体育教学系统中的重要内容。

　　(2)体育教学方法服务于体育教学目标和任务,是体育教学质量提升的重要保证,在一定程度上受到体育教学内容的制约和影响。

　　(3)通过体育教学方法的利用,师生能形成有效的双边互动,从而有利于教学活动的顺利进行。

　　(4)体育教学方法的实施不是盲目的,而是在一定的教学理论指导下组织与实施的。

　　(5)体育教学方法具有一定的独特性,同时注重教学的语言要素和动作要素,这与其他形式的教学有着一定的区别。

　　综上所述,体育教学方法就是指为实现体育教学目的而采用的各种手段、方式、措施和途径等的总和。

二、体育教学方法的分类

体育教学活动是师生间的双边活动,包括教师的"教"和学生的"学"两个方面。因此,表现在体育教学方法上,也可以分为教法和学法两种。

(一)教法

教法是体育教学过程中的教师层面的教学方法,也是本书所指的教学方法,可以具体理解为教师的授课方法。

1. 知识技能教法

知识技能教法主要包括基本知识的教法和运动技能的教法两种形式,这两种形式在体育教学中都非常常见。

(1)基本知识的教法

基本知识主要是指体育运动项目的基本理论知识,基本知识教法就是针对这些理论知识展开教学所使用到的教学方法,主要涉及基础理论教学。

一般来说,对于小学生而言,体育基础知识的学习具有一定的难度,因为体育基础知识不像体育运动技术那样可以直观地、生动形象地展现,需要教师在了解小学生知识基础、思维能力之后选择合适的教学方法。在具体的实施过程中,一定要具有一定的生动性,能保证学生有一定的学习兴趣。

(2)运动技能的教法

运动技能的教法是指通过相应的教学方法来很好地向学生呈现技术动作,帮助学生理解运动技能的概念、构成、完成过程等,这能有效提高学生的体育运动技能。在具体的教学中,教师所指导的技术动作一定要形象、生动,便于学生学习。

一般来说,运动技能教法的特点主要有以下几点。

①教师通过选择合理的教学方法帮助学生掌握和提高运动技能。

②充分考虑系统内各种要素之间的关系,然后选择合适的教学方法组织与实施教学过程。

③结合小学生的身心发展规律及具体教学实际,灵活地选择与更新教学方法。

2. 思想教育法

思想教育法是为展现体育思想教学内容的教学方法,开展相应的思想教育时,教学方法选择应注意体育思想、体育道德内容展示的特点,促进学生的体育价值观念、体育精神、体育道德、体育意志品质等的发展与提高。这一教学方法在学校教学中的利用不够,需要引起重视。

一般来说,通过思想教育法的应用能取得以下良好的教学效果。

(1)培养学生顽强的意志品质。

(2)完善学生的心理品质,促进学生的个性化发展。

(3)培养学生团结协作的集体主义精神。

(4)培养学生正确的世界观、人生观和价值观。

(5)培养学生的创新意识与能力。

(二)学练法

1. 学法

学生学习的方法就是学法,在体育教学中,通过具体的学法的选择与应用,学生能学习与掌握体育知识与运动技能。

在小学体育教学中,学法的应用要注意以下几点要求。

(1)确保学生能掌握教学大纲中要求的体育知识与技能,可以根据学生自身的实际情况适当地改变。

(2)学生在学习的过程中,要注意将体育知识、经验,自身体能与新知识、技能等有机结合起来,学习的过程要符合具体的实际及身心发展特点。

2. 练法

练法主要是指学习与提高运动技能的方法,这一方法或途径是指导学生进行体育锻炼最为主要的方法。只有通过这一方法的利用,学生才能很好地提升自己的运动水平。

与其他文化学科不同,学生要想掌握体育知识与技能必须要通过一定的实践才能实现,因此这就需要学生在体育学习过程中结合具体的学习任务、目标、自身实际情况科学、循序渐进地参与体育运动锻炼,不断提升自己的身体素质、心理水平和运动技能。

三、体育教学方法的特点

(一)实践操作性特点

与其他学科不同,体育学科的学习更多时候需要学生进行各种各样的身体练习,因此,在体育教学过程中,教师选择教学方法应充分考虑到学生的具体的身体活动开展的可操作性,同时还应考虑客观的体育教学条件能否为体育教学活动组织提供必要的物质支持。

体育教学方法的实践操作性受体育身体活动的基本性质的影响,同时,也受到学生的体育活动参与形式的影响,教师选择与实践教学方法,应结合具体教学实际对教学方法进行必要的修正,如果教学方法中的某一个环节和形式安排可能在接下来的教学活动开展中受阻,那么教师应该灵活变通。教学方法不能停留在理论层面,应落到教学实践中,符合教学实践。

(二)多感官参与性特点

体育教学是以身体运动为主的一项课程,在教学过程中,师生之间的各种体育技术动作示范、练习,都需要充分调动身体各部分的组织和系统的功能,整个有机体的各个器官和组织、系统都要充分调动起来。例如,教师通过动作示范教授学生某一项具体的体育运动项目的技术动作,学生要利用眼睛去看动作、利用耳朵去听讲解、利用肢体去感受动作感觉,因此说,体育教学过程中需要师生多种感官的参与,才能实现教学目标。而相应地,所选择的教学手段与方法也具有多感官参与的特点。

(三)时空功效性特点

时空功效性也是体育教学方法的一个重要特点,这一特点贯穿体育体育教学的始终,作为体育教师,一定要把握好这一特点,合理地安排教学活动。

一般来说,体育教学活动的时空功效性特点主要体现在以下三个阶段。

(1)开始阶段,教师作为教学主导者,指导学生进行相应的学习活动,进行相应的分析、示范和指导。

(2)教学中阶段,教学活动的主体发生了相应的变化,学生的主体作用也在不断增强,学生通过认知、分析和练习,掌握相应的知识和技能。

(3)结束阶段,教师进行相应的总结和分析,对学生的学习过程、学习效果进行客观、全面评价与分析,并预告下次教学内容,实现本次课与下次课的时空有效衔接。

(四)动静交替性特点

体育教学是一个动态的过程,其中在教学中要动静结合,这主要是受运动者个体运动负荷承受范围的影响,是体育教学的基本规律和特点。

1. 体育教学方法的"动"

体育教学方法的"动"是指学生运动技能的提高要通过身体练习进行，所采用的教学方法都是为了使学生更好地参与各种身体活动，通过体育活动实践来学习和掌握体育运动技能。

2. 体育教学方法的"静"

体育教学方法的"静"主要指的是合理休息，因为体育教学活动具有一定的负荷量和负荷强度，学生在参与运动后需要一定的身体恢复。学生在体育学习过程中，学生生理方面和心理方面都要持续地不断受到刺激，并承受一定的负荷，长时间会导致疲劳，影响学习效果与质量，这时就需要安排学生进行合理的休息，这种休息主要包括积极的休息与消极的消息两种，体育教师一定要引导学生进行积极的休息，以促进身体机能的恢复。

(五)师生互动性特点

体育教学活动的开展，需要教师和师生共同参与，体育教师的任务不应该只是组织活动让学生参与，在体育教学活动中，教师还要适时地融入到学生的学练、发现、探索活动中去，及时给予学生正确的教学指导。教学方法的应用应有助于教师和学生积极地参与体育教学活动，并促进师生互动。

(六)继承发展性特点

体育教学方法具有一定的继承发展性特点，这一特点主要体现在每一种教学方法都不是万能的，都存在着一定的优点与缺点，只有符合时代发展的方法才能有良好的效果，因此说任何一种体育教学方法都不是固定不变的，既有所继承又会不断发展。随着学校体育教学的不断发展，体育教学方法也会随之更新与完善。

第二节　小学体育常见教学方法

一、语言法

语言法是指通过运用各种形式的语言，指导学生进行体育知识与技能学习的方法,这一方法在所有的课程中应用的最为广泛,在体育教学中这一方法也属于一种基本的教学方法。不同的角度语言法呈现出不同的特点,从教师的角度来看属于传授性的教学方法,从学生的角度来看属于接受性的学习方法。语言法的优点是能很经济地同时向许多学生传递有关信息,正确运用语言法能启发学生的思维,形成正确的认知,促进学生运动技能的形成,除此之外还能培养学生主动学习的意识和习惯,促进学生创新能力的提高。

在体育教学中常用的语言教学法主要有讲解法、口令与指示法、口头评价法、口头汇报法、默念与自我暗示法等几种。

(一)讲解法

讲解是教师给学生说明教学目标、动作(练习)名称、动作要领、动作方法、规则与要求等,指导学生进行运动技能学习,掌握运动技能的方法。这一方法在体育教学中也非常常用。

在体育教学中,体育教师在运用讲解法时应注意以下几点要求。

1. 明确讲解目的

体育教师在运用讲解法时,不能随意进行,而是要根据教学目标和内容,以及学生的接纳方式等来对讲解的语言方法、语速、语气等做出选择,以此使讲解更加贴合学生的期待。

2. 讲解内容要正确

在讲解的过程中,教师所阐述的内容必须要准确和严谨,可以根据学生的知识掌握情况和运动基础做一些倾向性的调整,便于学生更加容易地了解与掌握教学内容。

3. 讲解要生动形象,精简扼要

体育教学中涵盖大量的技战术动作,有些动作比较复杂,学生学习起来有一定的难度,因此这就需要教师生动的讲解,如此才能有效激发学生的学习兴趣,促使学生更加积极主动地去学习和掌握运动技能。需要注意的是,教师的讲解应简明扼要,便于学生理解教学内容,提高运动技能。

4. 讲解要具有启发性

在讲解的过程中,教师的讲解要直观明了,以使学生对学习内容有深刻的理解,另一方面教师的讲解也要具有一定的启发性,以此鼓励学生思考,抓住运动技能的掌握规律,这对于提升教学质量具有非常大的帮助。

5. 注意讲解的时机与效果

体育教师在讲解内容时,要注意讲解的节奏,同时还要把握合适的时机,注重良好的讲解效果。一般来说,最佳的讲解时机应该是技能讲授时,或是发现学生的练习出现普遍性错误的时候,这时通过体育教师的讲解,学生能形成深刻的影响,加深记忆力,从而有效提升教学质量。另外,体育教师在讲解的过程中要注意观察学生的情绪,不能过多的讲解,否则就会使学生感到烦躁,不利于教学质量的提高。

(二)口令与指示法

口令是一种有顺序、有内容,并以命令的方式指导学生进行活动的方法。这一教学方法是体育教学所特有的方法。体育教学中常包含一些队列队形、体操等内容,这时就需要口令来组织教学活动。学生在教师口令的指导下做出各种动作,保证教学活动的顺利进行。需要注意的是,教师运用口令时要做到语言准确、时机恰当。

指示法则是指以简明的语言组织学生进行活动的方法。这是一种教学组织的常用方法,多应用于场地布置或器材整理上,另外还用于提示学生练习时的错误上。对于指示类语言的应用要做到用语准确和及时,通常情况下要多运用积极的语言,以激励学生以积极的心态投入到学习之中。这一手段符合小学生的个性特点,因此要充分利用好。

(三)口头评价法

口头评价是在符合教学标准的基础上对学生各项学习情况进行口头表述的方法。在运用口头评价方法时,体育教师要尽量选择积极性的用语,并且对学生的评价要得当,不能过度,这样才能获得理想的激励效果。

(四)口头汇报法

口头汇报法是指学生以语言的形式回答教师提出问题的方法。这一方法在体育教学中也得到了一定程度的利用。在运用这一教学方法时,体育教师应慎重考量所提出的问题,避免提出没有实际意义的问题,要确保问题的解决是在学生的能力范围之内。

（五）默念与自我暗示法

默念法是指学生在脑中以无声语言形式对整体或部分动作的过程、重点等属性进行复述和回想的行为。这种教学方法通常在教学器材不是很充足的情况下采用，通过这一方法，学生能形成一定的动作定型，为正式学习运动技能奠定良好的基础。

自我暗示法则是学生在接受了一些指令语言后进行自我调控练习的语言方式。例如，当学生遇到难度较大的动作时，可反复自我暗示"我没问题""我一定可以"等语言，这样能获得一定的心理帮助，促使学生较为有效地去学习和掌握技术动作。

二、直观法

直观法是指在体育教学中借助学生的视觉、听觉、触觉、肌肉本体感觉器官来直接感知教师的演示或外力帮助，以实现教学目标的方法。

一般情况下，体育教学中的直观法主要包括动作示范法、教具与模型演示法、视频播放法、助力与阻力法、定向与领先法等。体育教师在教学过程中要有选择性的运用。

（一）动作示范

动作示范是指体育教师以亲身演示动作的形式使学生对动作形象、结构和要领有更深了解的方法，这一方法具有形象直观、针对性强等诸多特点。

运用这一方法时需要注意以下几点要求。

1. 目的要明确

教师的示范要有目的，而不能是随意的。动作示范要根据教学的目标、内容以及学生的基本学情来选择示范的次数、速度以及示范与语言讲解的配合形式等。

2. 动作示范要正确

体育教学中的动作示范具有非常强的直观性，因此，示范务必要做到准确、娴熟，以显示出动作特点。在示范时经常会使用正反对比的方式，为此要做出错误动作来说明，以映衬出正确动作的特点。这种方式的示范要做到恰如其分,讲解到位,不要给学生留下错误动作的印象。

3. 正确选择示范位置与方向

体育教师要通过动作的示范才能帮助学生掌握运动技能,示范要在正确的位置上进行,以使所有学生都能看到清晰的示范。一般情况下,教师在做示范时会安排学生站成一字队形、扇形队形或圆形队形,并且在多数时候为了照顾学生观看的视线,应选择让学生站队时背对阳光或背对迎风风向。

4. 示范与讲解有机结合

在平时的教学过程中,体育教师要将讲解与示范相结合,这是提升示范法教学效果的关键所在。通常情况下,主要有先讲解后示范、先示范后讲解、边讲解边示范等几种方式。体育教师要结合教学实际情况合理地选择与应用。

(二)教具与模型演示

教具与模型演示是体育教学中较为常见的一种教学方法,这一教学方法具有较强的直观性,能帮助学生很好地学习与掌握技术动作。体育教师在运用这一教学法时,选择的教具要适当,演示要注意时机,观察学生的表现,判断教学效果如何。

(三)视频播放

在现代信息技术和多媒体设备的加持下,视频播放已经成为非常理想的直观教学方法。在使用这种方法时,教师要针对所讲授的内容选择匹配的视频片段,同时还要掌握控制视频开始、暂停、AB点重复、慢放等技术,并在合适的时机配合到位的讲解,如此才能获得最佳的教学效果。

(四)助力与阻力

助力与阻力是指借助外力使学生更快建立起直观的本体感觉的方法。这一教学方法在中小学体育教学中不常用,一般来说可以在一些体育游戏中使用,其目的是培养与锻炼学生在某种阻力或动力条件下做出技术动作的能力。

（五）定向与领先

定向是指以相对静态的视觉标志为学生的学习做出直观性引导的方法。

领先是指以相对动态的、越前的视觉标志为学生的学习做出直观性引导的方法。

在具体的体育教学实践中，定向法与领先法的运用不能盲目进行，而是要依据教学内容和学生的学习情况进行，设置的视觉标志也要符合技术要求与规律。这一教学方法对于一部分小学生而言具有良好的效果。

三、完整法

完整法是指从动作的开始到结束完整传授给学生的方法。这种教学方法通常在一些相对简单的动作或连贯性太强难以分解的动作的教学中使用。需要注意的是，对于一些较为复杂的技术动作，小学生难以掌握，这一方法不便于采用。

完整法的具体应用需要注意以下几点要求。

（1）直接运用：对一些技术难度不大或连贯性较强的动作的讲解与示范结束后，即可采用完整法进行练习。

（2）强调重点：尽管动作难度可能不大，或是动作连贯性较强，但动作中仍旧存在有重点。这就需要要求学生在练习时要关注动作的重点与难点。

（3）降低难度：对那些由于连贯性过强而难以分解的动作，在做完整练习时可适当减小难度。

（4）改变练习的外部条件：对那些由于连贯性过强而难以分解的动作，在教学活动过程中可以增加一些保护措施，预防出现意外事故。

四、分解法

分解法是将完整的动作以一定动作结构或规律进行分解后再行练习的方法。这种方法常用于复杂的技术动作，将整个技术动作进行分割，然后逐个讲解，这样便于学生学习和掌握。对于低年级的学生而言，这一教学方法较为常用。

在运用分解法时，体育教师需要注意以下几点要求。

（1）对动作的分解要以技术特点、规律为基础，如空间位置、时间顺序、时空结合等。

（2）要充分了解分解出的各部分动作之间的衔接是否存在一定的联系。这种分解一定不能破坏一个完整动作节点。

（3）应给予分解后的各部分动作以明确的作用定位，这是为将练习好的部分的动作揉合成完整动作做准备。

（4）对动作的分解应是建立在完整动作概念基础上的，当学生在分解动作的练习中达到一定程度后，就应逐渐向完整动作过渡，而不是一味地采用分解法进行练习。

五、预防与纠错法

预防与纠错法是对学生在学习过程中出现的错误采取预防性和实际性错误纠正的方法。这一方法有赖于教师的教学经验，一名具有丰富的教学经验的教师通常明白教学中容易在哪一方面出现问题，对这类错误可以采取预防的措施和手段。若错误还是出现了，可以采取相应的措施及时干预，指导学生修改，从而建立正确的动作定型。一般来说，预防具有一定的超前性，纠正则具有一定的事后性。通过这两种教学方法的利用，能实现良好的教学效果。

在实践中，预防与纠错法的使用主要有如下几种方式。

（一）强化概念法

强化概念法是指通过将正确的与错误的动作进行比对，再结合教师的讲解和强调，以此使学生对正确动作的表象有更深刻的印象，从而能注意避免错误动作。通过这一方法的运用往往能取得理想的效果。

（二）转移法

在具体的教学过程中，通常会出现由于学生受旧运动技能影响而导致错误动作出现的情况。在出现这一情况时，体育教师可以采用变换练习内容的方式解决这一问题。但需要注意的是，所变换的内容与原内容之间是存在关联的，或者是带有诱导性和辅助性的练习，如此来帮助学生脱离原有动作所带来的影响。如果与原有的教学内容没有一定的关联就不要采取这一方法，否则就难以取得应有的教学效果。

（三）降低难度法

对于小学生而言，体育运动中的一些技术动作具有一定的难度，为此，在初始练习阶段可采用降低难度的方法进行教学,如降低高度、降低速度、降低幅度等,通过这一方法的运用,学生能在简单的条件下完成技术动作,在掌握了简单地技术动作后,体育教师指导学生再慢慢地增加动作难度,最终掌握复杂的技术动作。

(四)信号提示法

当学生在练习中由于用力时间或空间方向不清楚而出现动作错误时,可以用听觉信号口头提示学生的发力时间、用力节奏等。除此之外,体育教师还可用各种点、线等标志来标明动作规格。这一方法对于小学生而言具有很强的指导性,便于他们进行学习。

(五)外力帮助法

由于小学生对某些技术动作的发力部位、发力方向、发力大小等要素的了解不清晰,在做各种技术动作时容易出现各种错误,因此为帮助学生学好技术动作,可以给予他们一定的推、托、拉等外力的帮助,帮助学生克服阻力,更好地学习和掌握各种技术动作。

六、游戏法

游戏法在中小学体育教学中得到了非常广泛的利用,它是指在符合规则的条件下,学生完成特定游戏任务的教学方法。游戏法具有明显的优势,这一教学方法灵活生动、氛围活跃、变化性强,能有效促进学生的发散性思维,促进学生的全面发展。

需要注意的是,游戏法中所使用的游戏通常是与教学内容有一定关联的,而不是随意安排的游戏。例如,在乒乓球运动教学中为了增强学生下肢力量,可安排蛙跳赛跑游戏;在足球运动教学中为了增强学生的控球能力,可安排网式足球游戏等。由于游戏本身也具有一定的竞争性,也会分出胜负,这种"矛盾"的存在会让学生对游戏更加青睐,参与兴趣大增。当前,游戏教学法在我国各级校园教学中都得到了广泛的利用。

在运用游戏法组织教学活动时,需要注意以下几点要求。

(1)要以教学目标为基础来选择游戏活动,并对游戏规则作出适度改变或提出相应要求。

(2)鼓励学生在具体的游戏教学中培养自己的创新意识与能力。

（3）教师要密切观察学生在游戏中的表现,然后根据学生的具体表现在课后进行实时的点评。

七、竞赛法

竞赛法是指以比赛条件作为指导学生学习和练习的教学方法。这一教学方法接近于实战,有着较大的运动负荷,能很好地检验出学生的学习成果。

在运用竞赛法的过程中,体育教师需要注意以下几点。

（1）明确竞赛法的目的:竞赛法的使用要确定目的,而不能随意进行,竞赛的组织也要服从教学目标。

（2）合理配对与分组:分组要有一定的针对性,确保每组之间有着相对平均的实力。

（3）适时运用:竞赛法的使用应在学生对所学运动技能达到较高娴熟程度后进行,教师在比赛结束后及时点评。

第三节　小学体育教学方法创新

为提升小学体育教学的质量,体育教师除了需提高自身素质外,还要加强体育教学方法的创新。本节就重点研究体育教学方法的创新对策,以及创新教育理念下的几种创新的体育教学方法。

一、小学体育教学方法创新的必要性

（一）改善体育教学方法单一的需要

目前我国大部分的学校所采用的教学流程为:讲解—演示—模仿练习—纠错—抽查,换言之,就是教师先对课程教学的内容进行集中讲解,然后对运动项目进行演示,明确运动项目的技术要领,接着由学生进行动作的模仿式练习,教师则对学生练习中出现的错误进行纠正,对多数学生容易出现的错误进行集中式的讲解,最后挑选若干学生进行动作演示。这一种教学程序在我国中小学,乃至高中、大学中都运用得非常普遍。这一种教学方法具有一定的教学效果,方便教师授课,但在一定程度上忽略了学生学习的主观能动性,从而导致学生过多地依赖教师的讲解、演示和纠错,最终,体育运动的常态化学习无法实现。这与现代教育的要求是不符的,因此亟需对这一教学方法进行更新,需要建立一个多元完善的体育教学方法体系。

(二)解决教学方法创新动力不足的需要

受历史传统及客观因素的影响,我国对于体育教学的重视程度不够,在体育教学中还存在各方面的问题,尤其是在教学方法创新方面。由于学校在体育教学方面的技术投入和资金投入都相对偏低,教师在教学方法方面的深造和集中性培训学习也较为欠缺,这就在很大程度上阻碍了教学方法的创新。例如,尽管教师掌握了微课教学法,但由于学校缺少基本的微课视频录制条件,从而导致教师教学方法的创新工作难以开展与实施。在新的教育背景下,加强体育教学方法的创新就成为时代所需。

二、小学体育教学方法创新的对策

(一)建立创新的意识与观念

体育教学活动的开展需要体育教师明确教学中心,即肯定学生的主体地位,以学生为中心组织与开展教学活动。教师必须从这个中心着手来开展一切教学活动,安排各个教学环节,体育教学方法的设计、选择与实施同样要以体育学科的特点及学生的特征、需求为依据进行,这样才能满足学生的体育学习需求,实现良好的教学效果。

在具体的体育教学中,体育教师要先明确要教的内容和通过实施这些内容要达到的目的,然后根据内容的特点、学生的特点以及要达到的目标来对教学过程进行安排,合理设计每个教学环节,在各环节将相对应的、恰当的教学方法予以实施,保证各个环节教学工作都能有序开展,且都能取得好的效果。在整个教学过程中教师会创设一些教学情境,不同的教学法适用于不同的情境,教师要明确哪些是主要教学法,哪些是辅助性的教学法,将二者结合起来解决教学中的各种问题。

除此之外,体育教师还要学会利用创新的科技手段改造或设计体育教学方法,基于当前的教学资源、教学环境以及教学条件落实现代化教学方法,只有不断创新,不断为教学方法添加新鲜因素,才能提升学生的学习积极性,培养学生的创新意识与能力,这符合现代教育的基本要求,对于学生的全面发展也具有具有的意义。

（二）依据教学实际扩展与改进体育教学方法

体育教学方法的实施效果受到各方面因素的影响，其中场地器材数量、规格以及其他教学资源等教学条件是非常重要的客观因素，要引起重视。不同地区的学校体育教学现状存在一定的差异，也就是说体育教学现状存在地区差异，这与各地的经济条件、教学资源、体育传统等因素都有直接的关系，如经济条件差的地区教学条件就比较落后，表现为缺乏体育场地器材等，经济条件好的地区教学条件优越，能够为体育教学的顺利开展提供良好的保障。为了使体育教学方法在各地区的教学中得到充分的运用，取得较好的实施效果，各地都应集中资源来优化教学条件，这是完善体育教学方法和提高教学方法实施效果的重要路径，通过体育教学方法的改进与完善往往能获得不错的教学效果。

促进功能的延伸、扩大应用范围是体育教学方法扩展的两个方面的内涵，体育教学方法的扩展要在教学组织形式上下功夫，优化改革体育教学组织形式，如突破传统的按人数平均划分学习小组的分组方法，将学生的兴趣爱好、学习水平、运动基础等作为分组的主要依据，扩展教学组织形式，使不同兴趣爱好、不同学习能力的学生都能在新颖的课堂教学中获得更好的发展与长足的进步。

体育教学方法的改进，应保留原有教学方法中有价值的因素，改革陈旧落后的因素，并在原来的基础上增加新的因素，创造新的教学方法，不断充实与完善体育教学方法体系，以便在体育教学实践中能够选出适宜的教学方法来推进教学工作的开展。

（三）运用新的科学技术设计教学方法

随着现代社会的不断发展，科学技术在社会各个领域的运用越来越广泛，可以说是科技的进步促进了社会各领域各行业的发展，而教育的发展同样离不开先进科技的推动。当前，先进科学技术在教育领域的应用非常普遍，科技推动教育发展的实效有目共睹，因此要继续发挥科技的优势，继续利用科技手段来提高与完善教育技术，使体育教学彰显出时代性、先进性、创新性。体育教学中运用较多的教学技术当属多媒体技术，教师要多引进学生喜闻乐见的多媒体手段，提高学生的学习兴趣，激发学生的学习积极性，这对于提升教学效率和质量都具有非常大的帮助。

三、创新教育理念下几种小学体育创新教学方法的运用

（一）群体激励教学法

群体激励教学法，即通过集体思维相互激励的形式，引发众多反应，产生多种解决问题的设想的一种教学方法。

运用群体激励教学法时，首先教师先提出问题，然后，让学生开动脑筋，通过实践去探究，寻找正确的答案。群体激励教学法能够使传统应试教育的一些弊端得到改善和弥补，能有效促进学生创造力和创新意识的建立与发展。在小学体育教学中，这一教学法主要应用于体育理论知识课教学之中，帮助学生能够很好地学习和掌握体育基本知识，如体育常识、体育卫生、体育安全等方面的知识。

（二）移植教学法

在如今的体育教学中，有很多教学方法是从其他学科中移植过来的，这些教学方法经过一定的改造具有一定的针对性，能很好地促进教学质量的提高。移植教学方法在体育教学中的运用体现了一般教育理论的普适性。甚至有些体育教学方法是在借鉴边缘学科的知识与经验的基础上加工创造的。不仅在体育教学可以从其他学科或教育领域中借鉴一些先进的方法，在其他学科的教学中也可以借鉴一些体育教学方法，有些方法在很多学科的教学中都是普遍适用的，只是要注意根据各个学科的特点及现实教学条件去进行合理的加工、改造，而不能盲目借鉴，否则教学方法即使再科学、再先进，也难以实现应有的教学效果，甚至还会阻碍体育教学的发展。因此，在引进与改造教学方法时一定要谨慎，紧密结合体育教学的特点进行。

移植教学方法的运用需要体育教师具备较高的素质与能力，体育教师必须要有知识面广、思维灵活、教学技能娴熟、教学经验丰富等多方面的能力，要从多学科元素中吸取精华，设计出符合学校体育教育要求的教学方法，并将其灵活运用于课堂教学之中，如果一名体育教师知识储备少、思维僵化、教学技能不熟练、缺乏教学经验，那么这名教师是难以完成体育教学方法的移植与改造工作的。

（三）难度增减教学法

难度增减教学法，就是指通过难度的增加和减少来进行教学的方法，需

要注意的是,难度增减的一个重要前提是运动技术动作的结构和性质是保持不变的。这种教学法在现实体育教学中使用的频率是比较高的。

在具体的小学体育教学中,体育教师要依据教学目标和学生的特点遵循先易后难、循序渐进的原则展开教学活动。难度增减法就是这样一种有效的教学方法,通过这一教学方法的运用,能够保证教学进度按照难度逐渐递增的顺序顺利开展,同时,还能提升学生学习和掌握体育技能的自信心,从而获得理想的教学效果。

(四)掌握学习教学法

掌握学习教学法主要以班级授课为主,教师依据教学大纲分层次实施教学内容,定期进行阶段性评价。在这一教学方法的实施中,要对学生的个性特征及个性化需求予以了解,以有效提高教学质量。这一教学方法的步骤如图 6-1 所示。

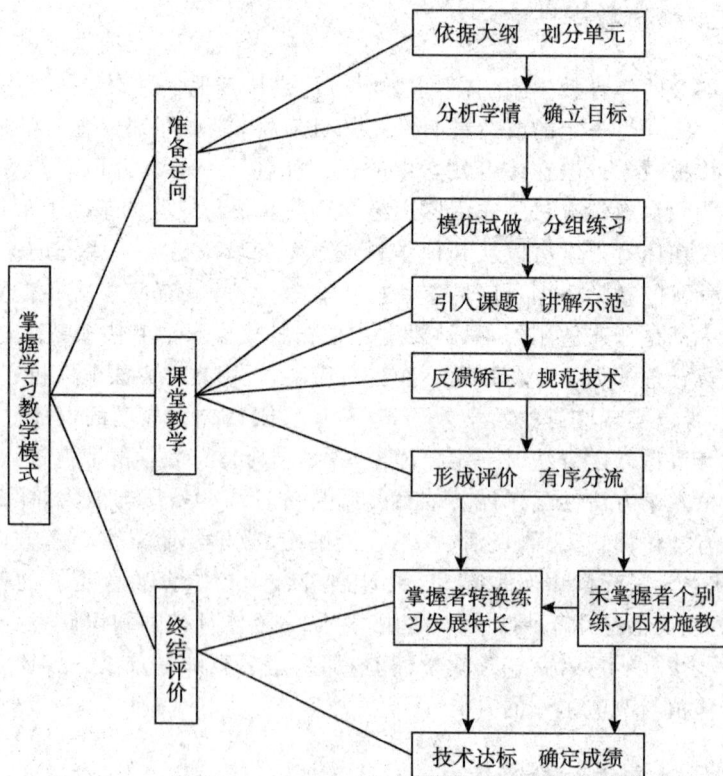

图 6-1　掌握学习教学法的步骤

一般来说,掌握学习教学法的具体操作程序如图 6-2 所示。

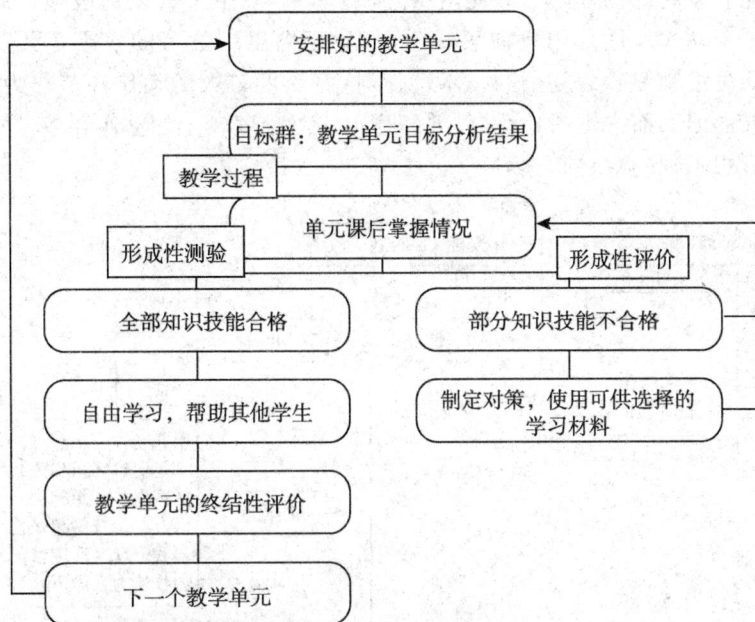

图 6-2　掌握学习教学法的操作程序

体育教师在运用掌握学习教学法时需要注意以下几点要求。

(1)确定教学的目标,交代学生明确的学习任务。

(2)教师采用各种教学手段指导学生实现预期的教学目标。

(3)注重学生学习过程中的表现,注重形成性评价,将形成性评价与结果性评价相结合。

(五)即兴展现教学法

即兴展现教学法强调师生间的互动交流与学生的自我展现,要求重视学生学习的主体地位,培养学生的个性与全面素质。在体育教学中运用该方法,要注意创设和谐的课堂氛围,在良好的课堂情境中对学生的创新能力进行培养。即兴展现教学法的具体操作步骤与实施如图 6-3 所示。

(六)逆向思维教学法

在现代教育背景下,我国学校教育非常提倡逆向思维教学,这一教学方法主张从逆向思维出发,将问题从反方向引出来,往往能获得不错的效果。在平时的生活和学习中,我们一般利用正向思维来思考问题,这能解决一部分问题,但并不是所有的事情都适用于惯性思维,有时用反向思维解决问题反而能获得更好的效果。因此,在体育教学中,学生要尝试突破惯性思维,有些技术动作就适合用反向思维学习,比正向思维学习的效果还要明显。用反向思维学习较为复杂的技术动作时,将难度较大的动作环节作为首先要掌握的因素而去不断地练习,熟练后再练习难度较小的动作环节,这样会取得意想不到的效果。

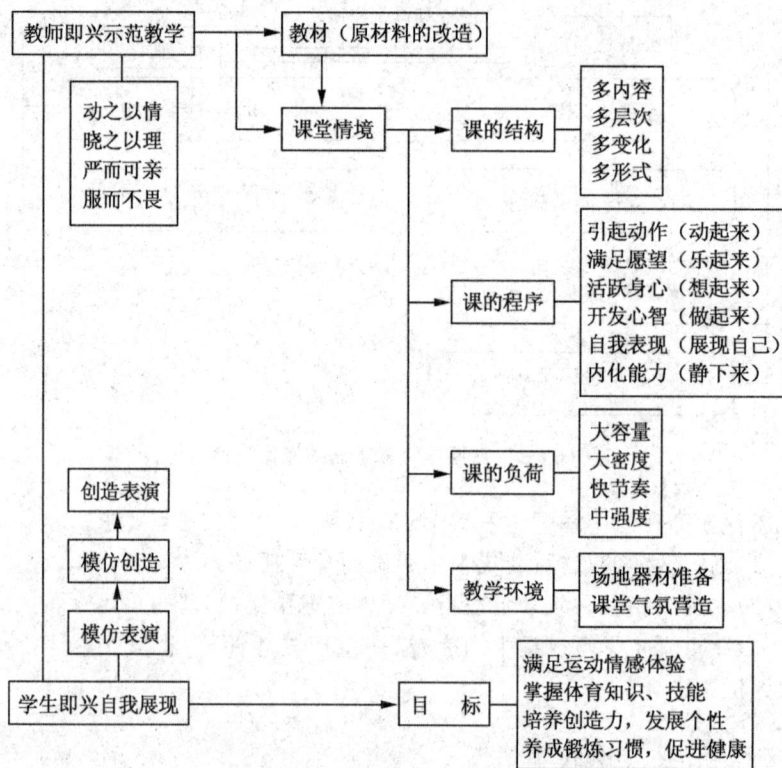

图 6-3　即兴展现教学法的操作步骤

在具体的体育教学过程中,学生可以利用逆向思维来学习体育知识与运动技能,从而促进自身体育素质的提高,作为体育教育而言,也可以从逆向思维出发思考体育教学中存在的各种问题,要反省自身是否存在不足,而不要去一味地抱怨学生,只有这样才能积累丰富的教学经验,提高自身的教学水平,从而促进教学质量的提高。

第七章　小学体育教学质量
提升之模式改革

　　小学体育教学是培养儿童健康体质、促进儿童身心健康发展的重要手段。小学体育教学模式直接影响体育教学质量,影响促进儿童体质健康的教学目标的实现。随着新课改的推进和素质教育的实施,加强小学体育教学模式的改革与创新已是势在必行。通过改革小学体育教学模式,能够有效提高小学体育教学质量,促进小学生身心健康及综合素质的提升。本章主要就小学体育教学模式改革进行研究,首先阐述体育教学模式的基本理论,其次分析小学体育教学中常用的几种教学模式,最后就小学体育教学模式的改革路径展开探索。

第一节　体育教学模式概述

一、体育教学模式的概念

　　教学模式是指反映特定教学理论逻辑轮廓,为实现某种教学任务的相对稳定而具体的教学活动结构。

　　体育教学模式是在体育教学思想或教学理论指导下,按照体育认知规律和技能形成规律的要求,在体育教学环境下为提高体育教学效益而建立起来的较为稳定的、多维指向的体育教学实践系统。[①]

二、体育教学模式的特点

　　体育教学模式具有以下特点。

---

① 邵伟德:《体育教学模式论》,北京体育大学出版社,2005。

（一）稳定性与灵活性

体育教师仅仅在某一节课或几次简单的教学活动中很难建立起体育教学模式。体育教学模式往往是在长期大量的教学活动中总结出来的，它是对教学过程的高度概括。体育教学模式不同于体育教学方法，后者不具备良好的稳定性，而且在体育教学中往往是将多个教学方法结合起来综合运用，运用教学方法以配合教学模式的实施，最终都是服务于体育教学目标的。在长期的体育教学实践中概括的体育教学模式具有稳定性，其在体育教学活动的开展中发挥重要的指导作用。体育教学实践具有规律性、普遍性，基于此而构建的体育教学模式也具有了稳定性。体育教学模式一旦形成，短期内不会发生很大的变化，但它依然具有一定的灵活性，这是针对其与外界环境的关系而言的。体育教学环境不断变化，体育教学目标与任务也会发生变化，在一定教学环境下形成的且为一定教学目标服务的教学模式自然就具有灵活性的特征，它的稳定性不是绝对的，更多地体现在教学系统结构和功能的稳定上。此外，学生存在个体差异，学生随着年龄的变化身心特征也会变化，围绕学生主体实施的体育教学模式也要顺应这种变化，体现出灵活的一面。

（二）开放性与个性化

体育教学结构体系与方法论体系在体育教学模式中能够得到清晰的反映，体育教学结构框架和体育教学方法论体系具有相对的稳定性和一定的开放性。体育教学理论不断充实与完善，体育教学过程因系统内部各种因素的不断变化而显得复杂，而且外界环境因素也会对教学活动产生较大的影响，因此要不断调整教学模式的结构，不断调适它的功能，使其功能得到充分发挥，最终促进体育教学质量的提高，可见体育教学模式具有开放性。封闭状态下的体育教学模式没有持久的生命力，它们会随着体育教学理论与实践的不断发展而从体育课程教学中消失。开放状态下的体育教学模式其结构更为合理，有助于将自身的功能充分发挥出来，从而最大程度地优化体育教学效果。

体育教学模式的个性化特征主要体现为其个性色彩十分鲜明。不同的教学模式都有自己的特点、优缺点及适用范围，而且教学模式都是建立在一定的理论基础上构建的，体育教学模式丰富多样，每一种教学模式都充满个性，在教学中发挥着自己独特的价值。

（三）时代性与发展性

体育教学模式具有时代性特征，我们可以从历史的角度来理解它的这一特征。体育教学活动作为社会实践活动的一部分具有自身的特殊性，时代的痕迹深深地烙在体育教学模式上。不同的历史时期和不同的地域文化对体育教学提出了不同的要求，而且不同社会发展时期对教育对象的素质也有不同的要求，正因如此，体育教学目标在不同时期也是不同的，根据教学目标设计的教学方法、选用的教学策略、构建的教学模式自然也会随之变化。体育教学模式的结构与功能具有相对稳定性，但也会随着社会的发展进步而不断优化与完善，可见体育教学模式具有鲜明的时代性特征。

体育教学模式丰富多彩，新模式出现后，一些陈旧落伍的旧模式便会退出体育课堂。由此可见，从纵向的角度来看，体育教学模式具有鲜明的发展性特征。随着体育教学的不断发展，传统教学模式中有些因素不能适应新的教学，其落后性日益显露，功能的发挥受到抑制，这时需要依据新的理论基础来构建适应体育教学现状和满足体育教学目标及要求的新教学模式，这也是体育教学模式不断发展与更新的主要原因。

三、体育教学模式的分类方法

体育教学模式的分类标准直接决定了体育教学模式的类型，分类标准不同，划分的类型自然也就不同。体育教学模式常见的分类方法有以下几种。

（一）按体育教学的本质特征进行分类

体育教学活动的本质特征是"运动技术的学练"，按照这一本质特征，结合"二分法"原理，可以将体育教学模式划分为运动技能类教学模式与非运动技能类教学模式两大类，如图 7-1 所示。

（二）按体育教学的目标进行分类

新课改后的体育教学目标包括身体健康目标、心理健康目标、社会适应能力目标、运动参与目标以及运动技能目标五个方面。按照体育教学的这五大目标，可以将体育教学模式划分为运动技能教学类模式、心理发展类模式以及体能训练模式三大类，如图 7-2 所示。

传统运动技能教学模式：运动技术程序式教学模式

启发式体育教学模式：在学习运动技术前产生疑问，进行有意义学习

领会式教学模式：先尝试比赛，体会学习运动技术的意义后进行运动技术学习

体育教学模式的分类
 └ 运动技能类教学模式 ┤
  选择性式教学模式：让学生参与运动技术的选择和深入学习

  小群体教学模式：利用集体中学生间的互动更好地学习技术

  成功体育教学模式：设置不同的技术难度要求，使学生有针对性地选择运动技术

 └ 非运动技能类教学模式（介绍或尝试类教学模式）┤ 快乐体育教学模式 体育锻炼类教学模式 情景式教学模式 发展学生主动性教学模式 │ 在运动技能要求较低的情况下初步尝试与体验运动情感

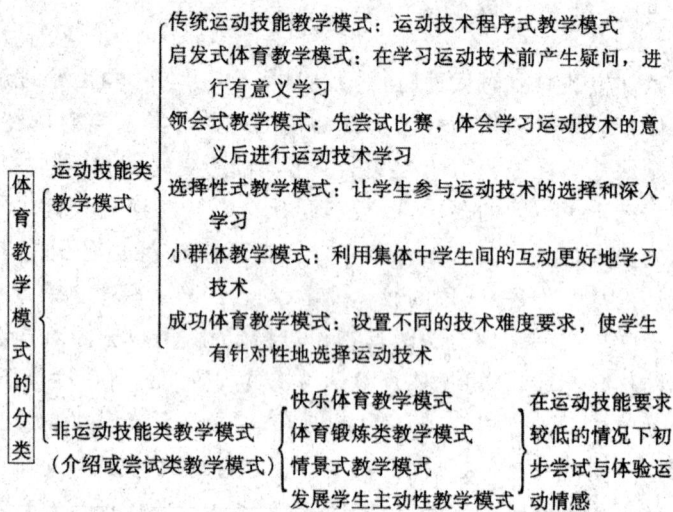

图 7-1　按体育教学的本质分类

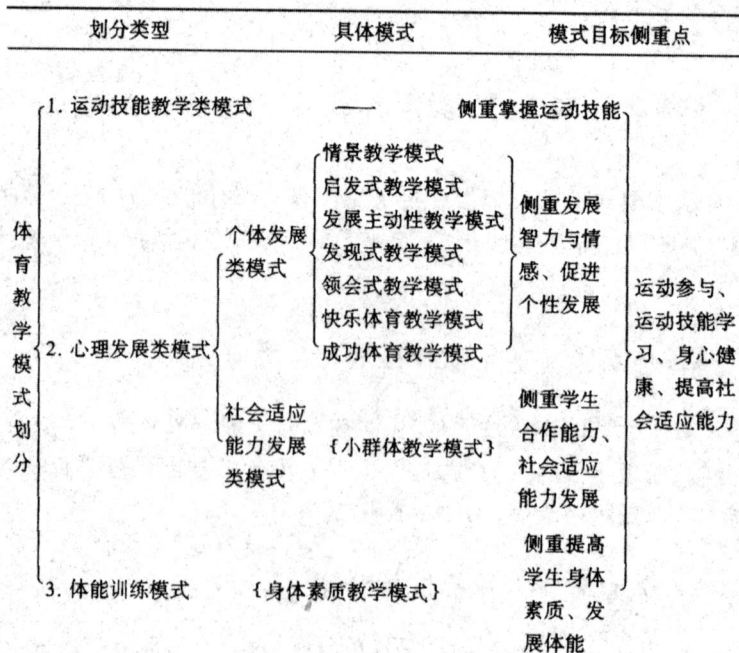

划分类型	具体模式	模式目标侧重点
1.运动技能教学类模式	——	侧重掌握运动技能

体育教学模式划分

2. 心理发展类模式
 ┌ 个体发展类模式 ┤ 情景教学模式 启发式教学模式 发展主动性教学模式 发现式教学模式 领会式教学模式 快乐体育教学模式 成功体育教学模式 │ 侧重发展智力与情感、促进个性发展
 └ 社会适应能力发展类模式 ┤ {小群体教学模式} │ 侧重学生合作能力、社会适应能力发展

3. 体能训练模式　{身体素质教学模式}　侧重提高学生身体素质、发展体能

运动参与、运动技能学习、身心健康、提高社会适应能力

图 7-2　按体育教学的目标分类

（三）按体育教学的要素进行分类

按照体育教学的要素也可以对体育教学模式进行分类，体育学者在这方面有不同的观点，具有代表性的学者是胡庆山与邹师，他们对体育教学模式的分类见表 7-1。

表 7-1　按体育教学要素对体育教学模式进行分类

学者	分类依据	具体类型
胡庆山	蕴含的教育理论	掌握学习教学模式 发现学习教学模式 俱乐部型教学模式
	教学目标	以掌握"三基"为主的教学模式 以激发学生运动兴趣为主的教学模式 以丰富学生情感体验为主的教学模式 以培养学生运动能力为主的教学模式
	教学方法	运用现代教学技术的学习模式 自主学习模式 策略学习模式 情景教学模式 传授—接受教学模式 交互式教学模式
	教学组织形式	个别化学习模式 合作学习模式 集体学习模式 课内课外一体化教学模式 俱乐部型教学模式
	教育理论	现代教育理论模式 系统科学理论模式 社会学理论模式 心理学理论模式 素质教育理论模式

续表

学者	分类依据	具体类型
邹师	教学目标	掌握技能教学模式 提高素质教学模式 激发学生学习兴趣的教学模式 培养学生学习能力的教学模式 自我健身体验乐趣教学模式
	教学方法	运用现代教学技术的学习模式 自主学习模式 策略学习模式 讨论式教学模式 交互式学习模式 情景式教学模式
	教学组织形式	技术辅导教学模式 个别化学习模式 集体学习模式 合作式学习模式 课内外一体化教学模式 俱乐部式教学模式
	课的类型	素质课学习模式 理论课学习模式 新授课学习模式 复习课学习模式 考试课学习模式

四、体育教学模式的结构

　　教学条件、教学主体、师生合作状况等是体育教学模式的构成因素,它们属于非本质性构成要素,一般在体育教学模式的概念中体现不出来,但它们是体育教学模式结构的重要组成部分,是建立模式结构必须考虑的因素。体育教学模式的结构如图 7-3 所示。

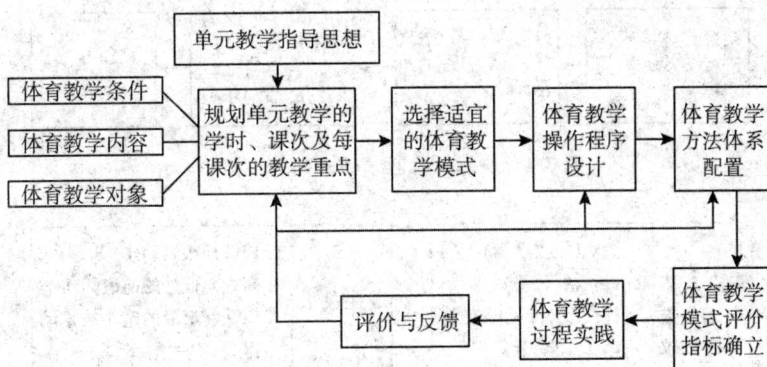

图 7-3 体育教学模式的结构

第二节 小学体育基本教学模式

一、快乐体育教学模式

(一)模式概述

快乐体育教学模式指的是以运动为基本手段,采用合适的教学方法促进学生体质增强,使学生获得快乐体验的教学模式。

快乐式体育教学模式有利于调动学生学习的积极性和主动性,它能够在无运动技术要求的情况下增加练习的时间,从而提高运动技能。这一模式也特别注重感情因素和情感体验的发展,能够有效改进教学。体育教师采用这一模式,要注意避免所选的教学内容过于单一,否则会影响学生的学习兴趣。

(二)模式运用

在小学体育教学中运用快乐体育教学模式的基本流程如图 7-4 所示。

例如,体育教师运用快乐体育教学模式教学生"鱼跃前滚翻"动作,可以活跃课堂气氛,调动学生的学习积极性,具体可参考图 7-5 所示的流程。

结合具体内容，进行游戏，享受乐趣 → 让学生挑战新技术（低难度教学活动） → 学生结合教学活动，自定目标，以创造活动乐趣 → 竞赛、评比

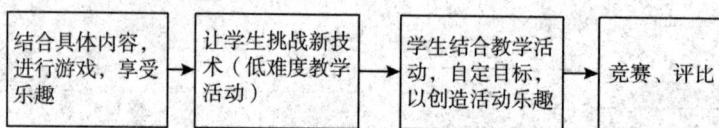

图7-4　快乐体育教学模式的基本流程

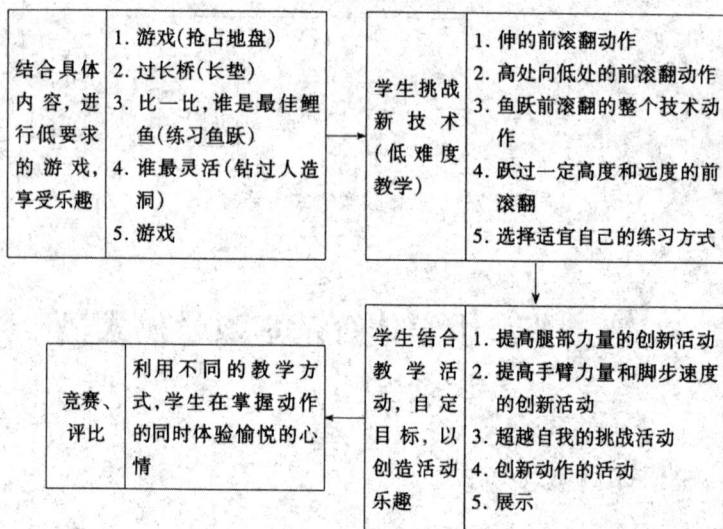

结合具体内容，进行低要求的游戏，享受乐趣	1. 游戏(抢占地盘) 2. 过长桥(长垫) 3. 比一比，谁是最佳鲤鱼（练习鱼跃） 4. 谁最灵活(钻过人造洞) 5. 游戏	学生挑战新技术（低难度教学）	1. 伸的前滚翻动作 2. 高处向低处的前滚翻动作 3. 鱼跃前滚翻的整个技术动作 4. 跃过一定高度和远度的前滚翻 5. 选择适宜自己的练习方式

竞赛、评比	利用不同的教学方式，学生在掌握动作的同时体验愉悦的心情	学生结合教学活动，自定目标，以创造活动乐趣	1. 提高腿部力量的创新活动 2. 提高手臂力量和脚步速度的创新活动 3. 超越自我的挑战活动 4. 创新动作的活动 5. 展示

图7-5　快乐体育教学模式下的"鱼跃前滚翻"动作流程

二、小群体体育教学模式

（一）模式概述

小群体体育教学模式指的是教师按某些共性和特殊性的联系将学生分成若干学习小群体，使学生在"互动、互助、互争"的学习活动中获得知识与技能、陶冶性情、树立集体主义精神及完善人格的一种教学模式。

小群体教学模式是由以下五个阶段构成。

1. 创设疑难情境

体育教师从体育教学目标的规定中或学生日常生活中找到疑难情境，创设体育教学情境。

2. 观察学生对情境的反应

在小群体教学中，只有学生对问题情境作出各种反应时，情境才成为疑难情境。

3. 群体研究

在正式进入探究前只能称为反应而不能称为研究，这是因为只有学生同时具有参与者和观察者的双重角色，并明确问题，搜集资料，回忆已有的经验，提出假设，并与同学交流时，才算是真正进入探究阶段。

4. 分析探究过程

教师引导学生反省，让学生把握问题的本质、理解问题隐含的因素，帮助学生总结正确的结论。

5. 循环活动

在小组协商、探索过程中，学生之间的观点产生冲突时，教师利用这些冲突或疑难，将小组研究导入另一种疑难情境中，并使探究活动在新的起点上重新展开。

（二）模式运用

在体育教学中运用小群体体育教学模式时，教学程序参考图7-6。

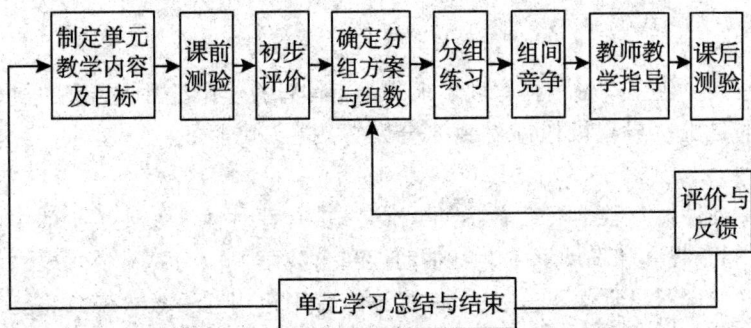

图 7-6　小群体体育教学模式的教学程序

同样以"鱼跃前滚翻"动作的教学为例，采用小群体教学模式能够对学生的协作能力进行培养，应用流程如图7-7所示。

合理分组，制订计划：
1. 根据学生动作实际情况，分成四个水平相当组，定好小教员
2. 在小群体的基础上进行一定的调整，便于组间技术交流学习和适当提高，讨论各自不同目标的练习方式

创设学习情景激发学习兴趣

组内学习：
1. 小组内部根据教师的要求进行动作的学习与交流
2. 设计不同障碍进行练习和互帮练习
3. 尝试练习，相互观摩
4. 攻克障碍的尝试练习
5. 不同目标的尝试练习

心理需求满足与发展：对各组的成绩进行统计与评价，作出相应的表扬；放松身心

组间竞争协作，练习提高：
1. 组间进行比赛，滚过不同远度的前滚翻
2. 组间进行比赛，滚过不定高度的前滚翻
3. 组间进行完整动作的展示和互相学习
4. 攻克障碍的展示
5. 组间动作的展示比赛

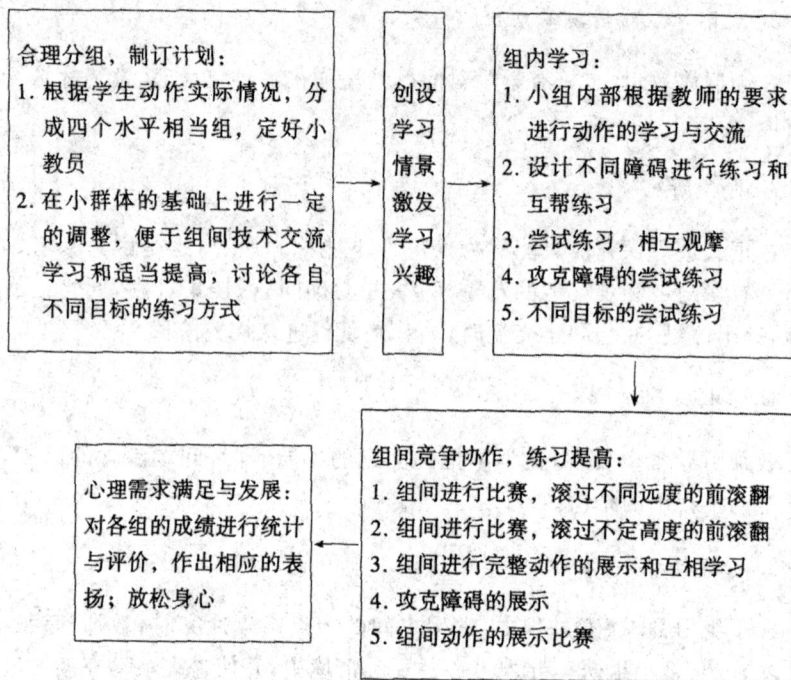

图 7-7　小群体体育教学模式下的"鱼跃前滚翻"动作流程

三、主动性体育教学模式

（一）模式概述

发展学生主动性的体育教学模式是指体育教学中教师创造条件使学生主体的自主性与积极作用得到充分发挥，提高其学习积极性的一种教学模式。

主动性体育教学模式能够实事求是地、有针对性地发展学生的主体意识，有利于提高和发展学生学习主动性和自我学习能力。该模式要求学生有良好的学习自觉性和一定的自学能力，否则运用这一教学模式将无法取得预期的良好的教学效果。

（二）模式运用

在体育教学中应用主动性教学模式，可参考图 7-8 所示的程序。

| 选择可供学生选择的教学内容，低难度，有教学基础 | → | 自由组合成数个教学小组，由组内学生选择一部分教学内容，让某一学生承担教学任务，其他学生轮流承担 | → | 课外收集有关资料，备课，选择合适的教学方法、教学手段、组织形式 | → | 以小组为单位，由轮流的小老师上课，小组其他成员合作配合 |

| 全班集合教师总结 | ← | 小老师小结，小组其他学生提出意见，为下一个小老师提供基础 | ← | 教师巡回指导 |

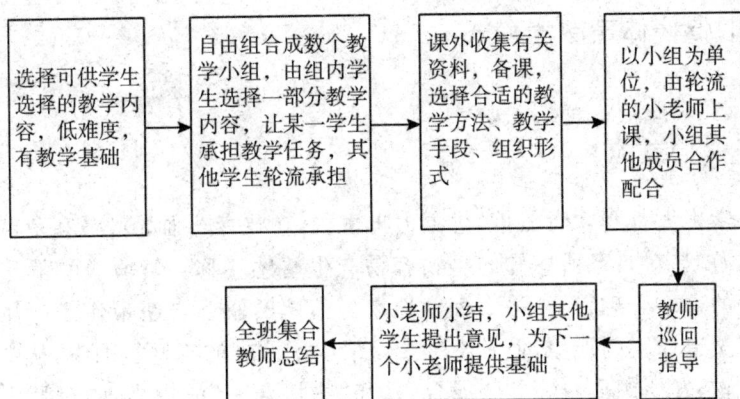

图 7-8　主动性体育教学模式的教学程度

例如，在"蹲踞式跳远"技术教学中采用主动性教学模式，以培养学生学习的积极性，具体操作流程参考图 7-9。

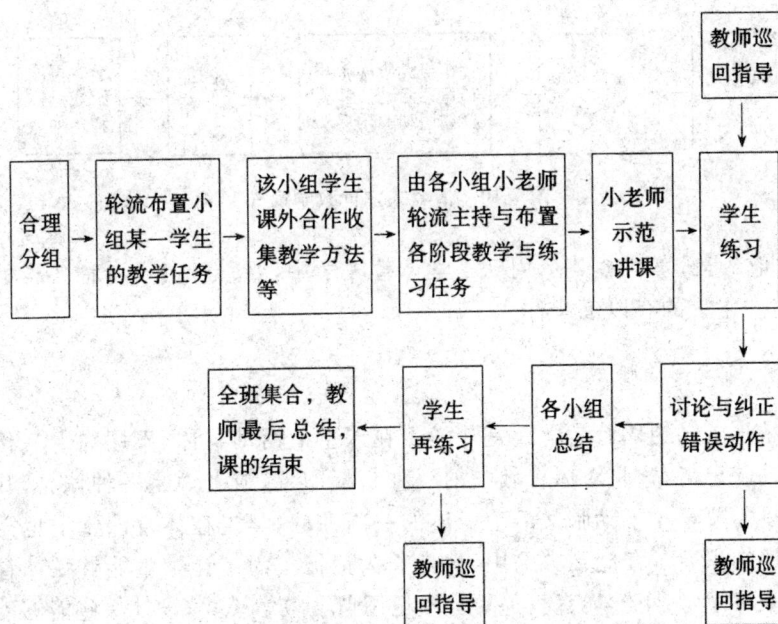

图 7-9　主动性教学模式下的"蹲踞式跳远"技术教学

四、情境体育教学模式

（一）模式概述

小学生大都喜欢听故事，想象力丰富，喜欢节奏感强的舞蹈和角色特征明显的游戏，对自己所感知的事物容易产生情感转移。情境教学就是利用小学生的这一心理特征，最大程度地发挥情感的驱动与纽带作用。体育情境能够塑造逼真的形象，使学生置于该情境所渲染的美好氛围中，从中感受客观事物，发挥想象，达到"物我合一"和"物情合一"的境界，同时学生对于教材的情感体验也会逐步加深，从而能够主动参与到游戏活动中。

（二）模式运用

在小学体育教学中，情境式体育教学模式的应用程序如图 7-10 所示。

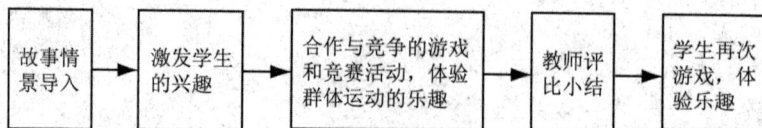

图 7-10　情境式体育教学模式

将情境式教学模式运用到小学体育教学中，要善于创设各种各样的教学情境，常见的有以下几种。

1. 创设问题情境

很多人认为体育教学就是让学生在课堂上活动身体，不用像上文化课那样动脑思考，这是对体育教学的一种刻板印象，或者说是一种偏见，其实体育是需要学生既动脑又活动身体的一门课程，学生在体育课堂上也需要将一些知识要点存储在大脑中，保持长久记忆。为了让学生能够在体育课堂上积极思考，小学体育教师要善于运用情境教学模式，设计一些能够使学生有兴趣思考的问题，将小学生的思维调动起来，使其积极思考，灵活动脑，自主探索问题的答案。小学阶段体育教学的难点在于小学生对体育运动技巧的把握上。小学生的思维能力较弱，思维水平处于较低阶段，所以难以将运动技巧把握好。针对这个问题，体育教师可以创设一些具有思考性的问题，营造思考的课堂氛围，让学生在思考中掌握要点，并体会体育课的乐趣，从而提高学习的积极性。例如,教师传授起跑姿势时,让学生思考哪个起跑姿势更有利于提高跑速。

2. 创设故事情境

喜欢听故事是小学生的共同特点,这与他们的心理发展特征及认知水平有关,基于对小学生这一特征的认识,体育教师创设的教学情境可带有故事性,在创设的故事情境中将教学内容融入进去,使学生在听故事的同时掌握教学内容,这和单纯传授内容的教学形式相比更容易吸引学生的兴趣和注意力,有助于使课堂氛围变得活泼有趣,使学生在愉快的学习体验中实现学习目标。

体育教师创设故事情境时,要先对学生的兴趣爱好有所了解,了解他们喜欢哪种类型的故事,从而有针对性地选择故事,将故事穿插于课堂教学中。例如,在立定跳远动作的教学中,把"小青蛙回家"的故事穿插讲解,故事讲完后让学生模仿青蛙跳跃的动作,这样学生就不会感觉体育课枯燥无趣了,他们的学习积极性和参与热情会大大提高,蛙跳练习能够有效锻炼小学生的跳远能力和腿部肌肉力量。

3. 创设音乐情境

现代体育教学的发展呈现出一些新的趋势,将音乐元素融入体育课堂教学,实现音乐与体育的结合,这是一个非常流行的趋势。音乐与体育相结合的教学形式在体育教学实践中取得了良好的教学效果,学生的学习兴趣得到有效提高,而且课堂教学氛围也更加活跃,课堂内容越来越丰富。在体育课堂教学中融入音乐元素后,学生跟着节奏积极练习,一节课下来也不觉得累,运动疲劳延迟出现,学生的学习效率大大提高,体育课堂教学目标也能顺利实现。小学体育教师要善于创设良好的音乐情境,将欢快的音乐作品呈献给学生,这不免要用到现代化的多媒体教学手段,多媒体教学使学生的兴趣进一步提升,学生随音乐练习,享受体育与音乐带来的欢乐。

4. 创设游戏情境

体育游戏是小学生在体育课上非常喜欢的一个环节。在体育课堂教学中设计一些与教学内容有关的小游戏,能够使学生集中注意力参与学习,学生会将自己的注意力集中到游戏中,积极参与游戏活动。体育教师创设游戏情境有助于小学生在愉悦的课堂氛围中对教学内容加以掌握。

游戏教学法也是体育教学的常用方法之一,该方法在小学体育课堂教学中更适合采用,这会使学生对体育课产生兴趣,对参与体育活动有热情,带着兴趣与热情学习,则会大大提高学习效果。游戏教学方式还能对学生的意志品质、拼搏精神、合作与竞争意识进行培养。

第三节　小学体育教学模式改革

一、小学体育教学模式改革的必要性分析

小学体育教学质量直接受教学模式的影响,教学目标能否按时完成,也与教学模式有直接的关系。为促进小学体育课程教学质量的提高,使学生在体育课堂上有更多的收获,有必要对体育教学模式进行改革。下面从三个方面分析改革小学体育教学模式的必要性。

(一)对小学生的综合素质进行培养

我国将儿童、青少年视作祖国的未来和民族的希望,因此教育部很重视儿童、青少年教育,强调在教育中培养儿童与青少年的综合素质,使其将来能够成长为有用的人才,为国家发展做贡献。重视小学阶段的教育能够为我国社会主义现代化建设培养优秀的后备人才。小学体育教学在培养学生综合素质方面具有其他学科无可比拟的优势,体育教学能培养学生的健康体质,这里的"健康"应理解为综合的、全面的健康,通过体育教学能够使学生身体健康、心理健康、道德健康、社会适应健康。为了尽快实现培养小学生健康体质的教学目标,对体育教学模式进行改革很有必要。通过改革体育教学模式,使学生在体育教学中获得更多的收获和取得更大的进步,使其体质健康达到新的水平,从而为其他素质的培养与提高奠定良好的基础。

(二)将新课程标准落实到位

我国在不断深化教育改革,改革面也越来越广,在这一背景下,体育新课程标准有了明显的变化,慢慢淡化了对学生体育成绩的要求,但也不能因此而忽视体育成绩,只是说不再将体育成绩作为唯一的评价标准。为了进一步贯彻落实新课程标准,应对小学体育教学模式进行必要的改革与创新,打破传统落后的教学模式,力求突破和革新,对趣味性、丰富化的体育教学模式进行探索与构建,适当引进新的运动项目,扬弃容易使学生发生受伤的

高强度运动项目,激发小学生对新运动项目的学习兴趣和参与热情,在新模式的运作下更好地达到新课程标准对小学体育教学的要求。

(三)对体育文化进行传承

在全球化时代,各国之间保持着密切的交流与往来,文化交流更是受到了各国的重视。体育文化是各国交流合作的重要内容之一,我国体育事业的发展直接影响我国与世界各国的体育文化交流,影响我国在世界体坛上的地位与话语权,因此要特别重视体育事业的发展,其中当然包括体育教育事业。小学体育教学是体育教育事业发展的启蒙阶段,是体育教育发展的基础,加强该阶段的教学改革与创新能够为我国体育教育事业的发展奠定良好的基础,进而推动我国体育事业的发展。小学开展体育教学,要清楚小学生肩负着传承体育文化的使命和未来推动国家兴旺发展的重任,因此要把好体育教学这关,通过改革体育教学模式来优化教学质量和教学效果,使小学生学有所获,不仅包括体能、技能上的收获,还包括道德与精神上的收获,如培养民族意识和体育精神,培养道德品质和爱国主义精神,对体育文化内涵及文化精神有一定的了解与领悟,从而在传承体育文化上贡献一份力量。

二、小学体育教学模式改革的基本原则

对小学体育教学模式进行改革与优化创新,需贯彻以下几项基本原则。

(一)主体性原则

现阶段,传统体育教学模式在小学体育教学中的运用依然很普遍,体育课堂教学形式单一,教学方式主要是灌输式教学,教师以命令性、强制性的要求让学生学习,主要是为了完成教学任务,这样的体育教学质量堪忧,对小学生的身心健康发展产生不利的影响,也不利于培养小学生的体育学习兴趣。因此,对小学体育教学模式进行改革与创新,要结合小学生的身心特点进行有目的、有针对性的改革,要体现学生的主体地位,促进学生主体性的发挥,要在新模式的实施中将学生的学习积极性调动起来。

(二)兴趣引导原则

小学体育课程教学能够使小学生的校园生活更加丰富多彩,小学体育教学应该是充满快乐的。部分小学生之所以不喜欢上体育课,是因为

一些学校把体育课当成枯燥的身体活动课,上课只是让学生简单练习几个动作,学生长期重复做相同的动作难免会心生厌倦,会失去上体育课的兴趣。对此,学校要了解学生的体育兴趣和运动特长,从而在兴趣的引导下进行教学模式改革,旨在让小学生喜欢上体育课,并在课堂上积极表现,积极配合。

(三)创新原则

时代发展对小学教育提出了新的要求,为了顺应时代发展,满足新的教育要求,小学要有创新地改革体育教学模式,将新的体育教学理念及理论研究成果融入教学模式中,并在实践中检验模式的科学性、可操作性及实效性。创新性的体育教学模式还有助于启发学生的思维,引导学生积极思考,灵活用脑,培养学生的创新能力。

三、小学体育教学模式改革的策略

(一)注重内容创新

小学生活泼好动,他们会选择尝试参与能够吸引自己的活动,兴趣是他们选择参与活动的第一元素。体育教学内容是否能够吸引学生,使学生产生兴趣,直接影响小学生的参与度和课堂表现。因此对体育教学模式进行改革,首先从教学内容入手,教学内容既要符合新课标的要求,又要能够满足学生的需求,使学生在学习中产生浓厚的兴趣,并以兴趣促进学习。

(二)提高教学的趣味性

小学生容易对新鲜事物产生兴趣,但是以短暂性的兴趣为主,持续保持对同一件事的兴趣较少。体育教学中要努力培养学生的持久兴趣,否则学生在体育学习中容易三天打鱼两天晒网,学习效果无非积累,最终影响他们的身心健康与成长。要使学生在体育课上保持持久的兴趣,必然就要进行趣味性教学,不断变化教学模式,打破传统教学模式的束缚。例如,传统的分组教学模式无法很好地吸引小学生的注意力,要将分组教学变为分层教学,这样学生就有了学习的兴趣。趣味教学并非适应所有的教学场景,体育教师要灵活应用,创建有趣的课堂环境,使学生不仅好学,而且乐学。

（三）优化教学结构

体育课的结构一般分为准备部分、基本部分和结束部分。长期沿用这种固定模式容易使学生感觉枯燥乏味，针对这个问题，教师可以将课堂结构分为两大部分，教师主导部分和学生自主练习部分。教师主导部分教师要统筹安排、精心组织，在学生自主练习部分，教师要依据学生的兴趣让学生分组练习，这样教学氛围比较宽松，有助于提高学生的积极性。

（四）合理安排课堂时间

在小学体育教学中，教师应合理安排课堂时间，完善教学细节。每一项课堂活动的安排都非常重要，准备部分如热身锻炼，时间控制在 5～10 分钟左右，其余时间重点安排内容教学。

体育教师要给体育委员发挥自身作用的机会，由体育委员单独处理或与其共同处理一些问题，从而大大提高课堂教学效率。比如让体育委员帮助体育教师组织学生活动，带领大家练习，课堂上积极配合教师，调动其他学生的学习积极性，课后做好体育器材设备的回收工作。

（五）师生互动，增进师生情感

对学生来说，他们在学业上取得的成绩都离不开引路人——教师的努力付出。教师不仅给学生的学习引路，而且对学生的生活、成长也起到非常重要的作用。因此，体育教师要多发挥自己的作用，多给学生的成长、成才带来积极影响。这就要求体育教师在体育课堂上多与学生互动、沟通，了解学生的需求和遇到的问题，及时给予指导和帮助，这样能够拉近师生距离，建立友善的师生关系，使学生学习起来更放松。那些与学习有距离感，让学生害怕接近的教师在教学中很难得到学生的配合，这样就会对教学的顺利进行造成阻碍，影响课堂教学效率和教学质量。因此在体育教学模式改革中，对师生关系的恰当处理也是一个改革的突破口，否则再好的教学模式也发挥不出好的作用。

第八章　小学体育教学质量
提升之评价完善

体育教学评价也是小学体育教学体系的重要组成部分,为促进体育教学质量的提升必须要加强体育教学评价的发展与完善。通过体育教学评价,体育教师能得到关于学生学习情况及各种信息的反馈,从而为调整教学方案或计划提供一定的事实依据。当然,首先要保证体育教学评价是科学的和完善的,这样才能得出相对客观和准确的评价结果,否则就无法起到应有的作用和效果。

第一节　体育教学评价概述

一、体育教学评价的概念

简单来说,体育教学评价就是对体育教学效果所做出的的一个价值认定,这一价值认定过程要有一定的依据,那就是依据教学目标和评价标准进行。体育教师通过所得出的评价结果,合理地调整教学计划或方案,组织教学活动,这样能取得理想的教学效果。

体育教学评价活动并不是盲目的,需要有一定的标准,这一标准必须要符合现代教育的要求及具体的教学实际,这样才有可能得出相对真实和客观的评价结果。总得来说,体育教学评价的目的在于改进教学质量,促进学生的全面发展,要以此为目的展开体育教学评价的各项活动。一般来说,体育教学评价主要包括教师教学评价与学生学习效果评价两个部分,这两个部分缺一不可,都要引起重视。

二、体育教学评价的特征与功能

(一)体育教学评价的特征

体育课程有自身鲜明的特色,与之相应的体育教学评价也具有独特的特征,这主要体现在以下几个方面。

1. 动态性特征

体育教学评价的动态性特征主要体现在评价过程方面。很长一段时间以来,我国学校体育教学评价往往只重视师生的结果性评价,忽略了其他方面的评价,这一评价方式有其独特的特点和优势,但也存在着明显的不足,那就是欠缺客观性,必须要与教学过程评价结合起来才能获得相对客观和真实的评价结果。

因此,为保证体育教学评价的质量,必须要将结果评价与过程评价结合起来进行,在教学评价的过程中要看这一过程是否有利于实现预期的体育教学目标。

2. 发展性特征

体育教学评价的发展性特征主要体现在教学评价的目标方面。具体的体育教学评价要以体育教学目标为根本出发点和落脚点,这是取得理想的教学评价结果的基本依据和基础,因为离开了体育教学评价目标,整个评价活动就会无的放矢。受传统教育观念的影响,对于体育教学而言,一切教学活动都是为了帮助学生提高学习成绩和提升运动技能。这种评价方式非常不利于学生的全面发展。因此在今后的需要加以改进和完善。

3. 多元性特征

体育教学评价的多元性特征主要体现在教学评价的主体方面。在现代教育背景下,师生之间的联系日益紧密,彼此之间的互动与交流越来越频繁。在这两个教学主体共同参与的情况下,能实现良好的评价效果。在具体的体育教学评价中,要重视评价主体的多元化,将教师评价、学生评价和家长评价结合起来进行,这样能获得相对客观和真实的评价结果。

以往体育教学评价模式比较单一,学生这一主体没有受到应有的重视,在整个教学评价活动中处于被动地位,心理面临着一定的压力,出现畏惧评价的心理现象,导致不能及时准确地发现问题,教师难以得到真实地评价结果。由此可见,构建一个教师、学生、家长、管理者共同参与的多元评价体系是尤为必要和重要的,体育教学评价者一定要引起高度重视。

4.体育教学评价方法的过程性特征

体育教学评价的过程性特征主要体现在体育教学评价方面。随着学校体育教育的不断发展,体育教学过程评价日益受到重视。在具体的体育教学评价过程中,全程跟踪学生的学习与表现情况,实时分析学生的优点与缺点,针对学生的这些学习情况进行细致地分析,给予学生有针对性的指导,这便于体育教师及时调整教学方案或计划,从而有利于教学质量的提高。

在体育教学过程中,体育教师除了加强教学活动的组织与管理外,还要密切观察学生的一举一动,掌握学生的学习情况并给予相应的评价。可以通过口头评价的方式及时评价学生的学习情况和情意表现,有效激发学生学习体育的兴趣,同时还要指出学生学习中存在的各种不足,指导并弥补其不足,获得进一步发展。

除此之外,体育教师还可以利用现代化的教学手段记录学生的学习过程,对学生的各种学习行为做出合理的评价。在具体的评价中,要将终结性评价与过程性评价结合起来进行,即既注重期末考试成绩,又重视平时成绩的评价,这样才能得出客观准确的评价结果。

5.体育教学评价方法的多样性特征

体育教学评价的多样性特征主要体现在教学评价方法方面。受各方面因素的影响,不存在一种万能的评价方法。每一种评价方法都有一定的优点和缺点,因此这就要求体育教师要以具体的教学实际和学生特点为主要依据,运用多种评价方式进行评价,从而获得相对客观和真实的评价结果。体育教师要在平时密切观察学生的学习情况并做好详细的记录,这样能根据学生的特点及学习情况制定出富有针对性的评价标准,从而取得理想的评价结果,为体育教学质量的提升奠定良好的基础和保障。

(二)体育教学评价的功能

1.诊断功能

通过体育教学评价得出的反馈信息,体育教师能判断当前的体育教学质量如何,从而为调整和完善教学计划提供真实的依据。某种意义上而言,体育教学评价就是对体育教学现状的进行一次诊断,这一诊断工作的意义主要有两方面:一方面,通过对学生学习成绩的评估能对教学目标产生积极的影响;另一方面,通过诊断学生的学习情况能帮助学生清楚地认识到自己存在的不足,进而加以改进,促进自身的全面发展。

2. 研究功能

在具体的体育教学实践中,要对收集到的相关资料进行细致的分析与测量,这就是体育教学评价的研究功能。这些资料具有一定的参考价值,主要表现在教学方法的衡量、教学课程的改进、学生身心发展评价等方面。

3. 检验功能

体育教学评价的检验功能主要体现在以下两个方面:一方面,针对体育教师教学水平、学生学习水平等各方面的评价;另一方面,通过体育教学评价为体育教学质量的提高奠定良好的基础。

4. 激励功能

体育教学评价还具有一定的激励功能,这一功能主要体现在它对于整个教学活动具有重要的指导作用。通过体育教学评价,整个体育教学情况能被很好地反映出来,教师通过评价反馈能清楚地认识到教学的不足以及需要完善的地方,而学生通过评价则能认识到自身哪些地方还需要学习和提高,建立学习的自信心。一个合理的教学评价体系能为师生带来良好的鼓励效果,从而促进师生以饱满的精神投入到体育教学活动之中,从而促进教学质量的提升。

5. 反馈功能

体育教学评价的反馈功能是最为明显的一个功能。通过体育教学评价,体育教师能及时了解自己的教学状况,从而为调整教学计划或方案提供重要的事实依据。而通过教学评价所得出的评价结果,学生也可以及时发现自己存在的不足和各种问题,然后加以改进和完善。为实现理想的体育教学效果,体育教师要采取各种手段与措施激发学生学习的积极性,促使学生积极主动地参与体育教学活动。

6. 调控功能

通过教学评价得出的各种反馈信息,体育教师能以此为依据调整教学计划或方案,而学生也能认识到自己的学习水平和不足,从而采取有针对性的措施加以改善,这就是体育教学评价的调控功能。通过反馈出的各种信息,体育教师能及时有效地调整和修订教学计划,改进体育教学方法;而学生则可以适当调整学习策略,提高教学效率。可以说,体育教学评价就是一个反馈和调节的可控系统,通过这一系统的运用,有利于实现体育教学目标,促进学生全面发展。

第二节　小学体育教学评价内容与方法

一、小学体育教学评价的内容

以教学评价主体为视角进行划分,可以把小学体育教学评价的内容分为体育教师教学评价和学生学习评价两个部分。

(一)体育教师教学评价

1. 体育教师基本素质的评价

体育教师是在体育教学活动中起着重要的指导作用,整个教学活动都离不开体育教师的参与。在体育教学评价活动中也是如此。作为一名体育教师,一定要在平时注意提高自己的综合素质。这样才有利于其组织与开展教学评价活动。一名体育教师的综合素质主要包括政治素质、知识结构素质、能力结构素质等多个方面,体育教师一定要引起重视,在平时的教学中加强以上几种素质与能力的培养和提高。

(1)政治素质

作为一名合格的体育教师,必须要具备良好的政治素质,这是基本的前提条件。因为体育教师的政治倾向正确与否将直接影响着其日后的发展。一般来说,体育教师的政治素质评价主要包括思想道德修养、工作与学习态度、教书育人、遵纪守法、为人师表、文明行为习惯等多个方面的内容。在具体的评价过程中,要依据体育教师的具体行为表现来判定其政治素质如何。

(2)能力结构素质

作为一名出色的体育教师必须要具备良好的能力结构,在对其进行评价时主要是评价以下几个方面的能力结构。

①体育教学工作能力。

②组织与管理教学活动的能力。

③出色的语言表达能力。

④管理学生的能力。

⑤体育教学资源的开发和运用能力。

⑥体育教学创新意识与能力。

（3）知识结构素质

作为一名合格的体育教师，要想组织与管理好整个教学过程，还要具备完善的知识结构体系。这一结构体系主要包括以下内容。

①掌握扎实的体育专业知识。

②了解体育基本常识。

③学习和了解与体育教学有关的学科理论，如体育教育学、运动训练学、运动生理学等。

④理论联系实践组织体育教学活动。

（4）身心素质

体育教师要想组织与管理好整个教学过程，就必须要具备良好的身心素质。

①身体素质。身体素质的好坏将直接影响到体育教学能否顺利的组织与开展教学活动以及体育教学评价活动，身体素质这一方面的指标应包括身体健康状况、运动能力、体育运动技术能力等方面。

②心理素质。一名具有良好心理素质的体育教师会深深影响着学生的发展，因此心理素质也是体育教师评价的一项重要内容。作为一名合格的体育教师，需要具备的心理素质主要包括敏锐的观察力，缜密的思维能力，良好的教学态度等。在评价体育教师时要充分考虑以上几个方面。

（5）教师自身发展的素质

体育教育是始终处于发展和变化之中的，作为一名体育教师要适应这种变化，要具备良好的自身发展的素质，这一素质主要包括以下内容。

①理解与接受体育运动理论的能力。

②学习能力。

③发展潜能。

④创新意识与能力。

2. 体育教师基本教学能力的评价

体育教师必须要具备基本的教学能力，这是一项必不可少的素质。大量的实践表明，体育教师教学能力的强弱将深深影响着教学质量和效果。

为此，必须要全面评价体育教师的基本教学能力，发现体育教师教学中存在的不足，然后有针对性的完善与发展。①

一般情况下，主要从以下几个方面评价体育教师的教学能力。

(1)体育教师教法的评价

体育教师教法的评价主要包括以下内容。

①教法是否符合教材的规定。

②教法是否符合学生的身心发展特点与个性。

③教法是否与教学环境相符合。

④教法是否便于教师组织与开展教学活动。

(2)体育教师组织能力的评价

体育教师的教学组织能力评价可以从以下方面进行。

①教材内容的组织是否符合教学规律。

②教学组织形式之间的匹配是否合理和有效。

③教学媒体的利用是否合理，能否提高教学效果。

④体育课堂教学结构是否合理，是否便于指导学生学习。

(3)体育教师课堂教学活动的评价

一个完整的体育课堂教学主要包括准备阶段、基本阶段和结束阶段三个部分，这三个部分缺一不可，因此在评价的过程中不要少了任何一部分。

①准备阶段的评价。体育教学的准备阶段以导入学习状态，说明教学目的，创设学习情境、氛围，引起学生兴趣等目的为主。可以从以下几个方面展开评价。

A. 队伍集合是否满足教学要求，能否激发学生学习的兴趣。

B. 能否在教学活动前安排合适的热身活动。

C. 是否达到了"寓导为乐"的教学要求。

②基本阶段的评价。体育课堂教学基本阶段的评价应包括以下内容。

A. 体育教学场地器材及设备的安排是否合理。

B. 体育教材的安排是否与教学顺序相符。

C. 体育教师是否运用了多样化的教学手段与方法。

D. 体育教师是否注重学生体质、技能、品德的共同发展。

③结束阶段的评价。体育课堂教学结束阶段的主要任务有放松活动、小结、布置课外作业、归置器材等内容。对其进行评价时需要注意以下几个方面的内容。

A. 放松活动的组织安排是否合理。

① 张振华：《体育教学理论与方法》，北京师范大学出版社，2016。

B. 教学中是否体现了"以学生为本"的教学思想。

C. 学生是否养成课后收拾运动器材的习惯。

(二)学生学习评价

1. 体能评价

学生的体能评价是一项非常重要的内容,通过学生体能评价,体育教师能很好地了解学生的身体状况,从而为安排教学活动提供重要的依据。体能可以说是学生参加运动锻炼以及其他一切活动的基础。评价学生的体能主要是评价肌肉力量与耐力、柔韧性、心肺功能等几项体能素质。

评价不同的体能素质,选取的评价指标及方法也不同,对于小学生而言,主要是通过10米×4往返跑、50米跑、跳绳、仰卧起坐等进行。

2. 健康行为评价

在小学生的教学评价中,健康行为的评价也是非常重要的一部分。学生的全面健康主要包括身体健康、心理健康和社会适应健康等方面。营养、生活方式、环境、体育锻炼情况等是影响学生身心健康的主要因素。在体育教学中,应在学生掌握各项运动技能的同时开展健康专题教育,重视学生健康行为的养成。

在评价学生的健康行为时,可以将以下几个指标考虑在内。

(1)是否注意个人的卫生。

(2)能否维护好公共卫生。

(3)是否有不良生活习惯。

(4)能否自觉遵守作息制度。

(5)运动锻炼的安全是否有保障。

3. 学习态度评价

学习态度也是学生学习评价的一项重要内容,在以往的体育教学评价中,这一项内容经常被忽略掉。学生学习态度评价主要是看学生是否具有强烈的学习欲望,是否具有高涨的学习热情,是否具有较强的专注性,是否具有主动学习的意识和习惯等。

4. 知识与技能的评价

(1)知识评价

学生体育知识学习的评价主要包括人体科学知识、体育理论知识、社会学知识、美学知识、心理学知识和知识认识评价等方面的内容(表 8-1)。

表 8-1　学生体育知识学习的评价

知识类型	评价内容
人体科学知识评价	(1)人体生理变化的规律 (2)运动卫生与自我保健 (3)运动适应性与运动处方 (4)体育锻炼对人体的影响
体育理论知识评价	(1)世界体育史 (2)体育基础理论与运动技能 (3)体育比赛欣赏能力
社会学与美学评价	(1)体育对人体发育的影响 (2)体育的社会价值与魅力
心理学知识评价	(1)体育对人心理健康的影响 (2)心理障碍调节的方法
知识认知评价	知识对未来生活的重要意义

对于小学生而言,以上内容并不一定全部涉及到,体育教师可以选择其中的几项对学生进行评价。

(2)运动技能评价

运动技能评价也是学生学习评价的一项重要内容,运动技能可以说是学生完成学习任务和运动锻炼的重要载体。在评价学生的运动技能时主要是看学生学习和掌握的运动技能质量如何,是否存在错误的技术动作或不规范的技术动作等情况。通过这一方面的评价,学生能养成良好的运动锻炼的习惯,激发学习体育的积极性,促进自身素质的全面发展。

5. 情意表现与合作交往的评价

(1)情意表现的评价

在学生的体育学习评价中,还要注意其情意表现的评价。这一评价的主要目的在于帮助学生养成积极向上,乐学与好学的好习惯。其评价的内容主要包括学生的学习态度、坚持力、意志力等几个方面。

(2)合作交往的评价

在学习过程中,学生要养成尊重同学、互相学习的良好行为,只有在这样的环境和氛围下,学生才能获得发展和提高。这就涉及学生合作与交往的能力,这一方面的评价也必不可少。学生合作交往评价的主要目的在于让学生正确处理竞争与合作之间的关系,帮助学生解决困难,走出困境,培养学生积极的社会责任感,在毕业后能迅速地适应社会。[①]

二、小学体育教学评价的方法

在小学体育教育评价中,可以采用的评价方法有很多,其中观察法、问卷法以及测验法是最为常用的几个。这些方法普遍具有鲜明的特点和适用范围,体育教师可以根据具体的教学实际合理地选择与运用。另外,这些评价方法也都有一定的优点与缺点,体育教师可以结合起来使用,以获得理想的评价结果。

(一)观察法

观察法,就是指评价者有目的、有计划地通过对体育教学评价对象的活动所进行的系统、深入的教育观察,以收集评价资料的一种方法。

通过观察法的运用,能获得关于小学体育教学评价第一手的资料和信息,在获得资料和信息后就可以展开具体的统计与分析。比如,在体育课堂教学评价中,必须深入课堂、进行实地观察,这样才能更加清楚地了解课堂教学情况,从而为制定教学评价提供真实客观的依据。

具体来说,体育教学评价方法体系中的观察法具有非常重要的作用,是较为常用的一种评价方法。其作用主要体现在两个方面:一方面,观察法是获取信息的一种重要方法;另一方面,观察法是收集学生和教师信息的重要途径和手段。与其他方法相比,观察法具有无可比拟的优势,因此受到体育教师的高度重视。在小学体育教学中也要充分利用好这一评价方法,以期获得理想的评价结果。

(二)问卷法

问卷法,就是指教育评价主评人员通过书面形式向被调查者提出严格设计过的问题,要求被调查者如实作答,从中获取评价信息的一种方法。这一方法也是常用的体育教学评价的方法。

问卷法属于一种书面形式的调查方法,有着其他评价方法不具备的特

---

① 杨文轩、张细谦、邓星华:《学校体育学》,高等教育出版社,2016。

点及优势,通过调查法的运用通常能获得一些真实有效的其他评价方法难以得到的信息,作为一名合格的体育教师,一定要学会如何编制和实施调查问卷,这是体育教师应该具备的一种能力。

具体来看,问卷法的特点及优势主要体现在以下三个方面。

(1)参与问卷调查的人员具有一定的隐蔽性,能获得相对客观和真实的资料和信息。

(2)问卷发放具有取样广泛的特点,能极大地提高收集信息的效率,同时这些信息也具有一定的可信性和可靠性,从而有利于得出准确的评价结果。

(3)问卷法的利用在时间范围方面比较灵活,具有一定的可调节性。

(三)测验法

通过考试、技评和达标等形式,收集学生的体育学习反应、学习行为等信息的手段,就是所谓的测验法。可这一方法是获取体育教学信息的一种重要工具和途径。在小学体育教学评价中,这一评价方法利用率不如观察法与问卷法。

一般来说,体育教学评价的测验主要有体育理论知识测验、身体素质测验和运动技术测验、情感行为测验等几个方面,每一个方面都是非常重要的,不要遗漏了任何一方面的测验。

1. 体育理论知识测验

体育理论知识测验是体育教学评价的一项内容,这一部分的测验主要包括体育文化知识、运动技术原理、体育技术、竞赛规则、生理卫生保健知识等内容。对于小学生而言,这一部分主要是评价其体育常识和基本的体育卫生与安全知识等。测试的方法要灵活,通常采用问话的形式进行。

2. 身体素质测验

人的身体素质主要包括力量素质、速度素质、耐力素质、柔韧素质及灵敏素质等几个方面,测试学生这几个方面的素质能清楚地知道学生的身体素质如何。教师在了解了学生的身体素质后才能更加科学、合理地安排教学活动,从而促进学生的发展。

3. 运动技术测验

所有的运动项目都有一定的专项技术,学生在学习一项运动时要熟练掌握相关的技术,这样才能很好地展现自身的机能水平和运动水平。

运动技术测验就是指以技术动作规格为主要依据,对学生所学习的技术动作的情况作客观的测评。运动技术测评主要包括达标测验与技术质量评定两个部分。对于小学生而言,对其技能水平要求并不高,教师在评价的过程中不做过高的要求。

4. 体育情感行为测验

一个人的情感行为主要包括兴趣、动机、情趣、态度、价值观,以及个性等多方面的内容。经常参加体育活动会对人的这些情感行为产生一定的影响。因此,体育情感行为测验也属于一种重要的评价方法,要引起重视。

第三节 小学体育教学评价体系的完善

体育教学评价是体育教学活动的重要组成部分,要想提升体育教学质量和效果离不开科学的评价体系。因此,构建一个科学完善的体育教学评价体系对于小学生学习与掌握体育知识与技能具有重要的意义。本节主要研究当前我国小学体育教学评价中存在的问题并提出相应的解决策略。

一、当前小学体育教学评价存在的问题

(一)评价手段与方法较为单一

目前,我国绝大部分学校的体育教学评价都存在一些问题,其中评价手段与方法较为单一是普遍存在的一个问题。据调查,我国绝大部分的中小学都采用考试成绩的方式来评价学生的体育学习成果,在这一评价手段下,学生在教学过程中的实际表现、学习态度、进步程度等都无法得到体现,导致难以获得真实的评价结果,也就不可能为体育教师提供客观的教学依据,导致体育教学质量难以提高。体育教学评价体系中,对学生学习成绩的评价不能只看最后的结果,还要涉及学生学习过程中的具体表现,而且也不能只关注学生某一方面的发展,而要关注学生的综合素质发展。① 因此,在今后的小学体育教学评价中,一定要集中改善评价手段与方法这一方面的问题。

---

① 陈连新:《小学体育教学评价存在的问题及策略》,《西部素质教育》2018 年第 5 期。

（二）教学评价的针对性不强

据调查，目前我国绝大部分的学校采用的体育教学评价没有很强的针对性，没有充分考虑到学生之间的差异而制定评价标准，如体质差异、学习水平差异、运动基础差异等，在无视这些差异的情况下制定的评价标准是不合理的，得出的评价结果也不科学和客观，对学生而言也是非常不公平的。在这一评价标准下得出的评价结果对于体育教师而言也没有任何价值和意义。因此，在今后的制定体育教学评价标准时，一定要考虑到不同学生存在的差异性，制定出有针对性的体育教学评价标准，这样才有利于得出客观公正的评价结果，为体育教学调整教学计划或方案提供真实的教学依据。

（三）评价标准较为单一，评价结果不客观

为实现良好的体育教学评价效果，在构建教学评价体系时必须要结合小学生的个性特点、发展规律以及具体的教学实际制定一个客观的评价标准，这样才能可能得出相对客观和准确的评价结果。但需要注意的是，这一评价标准不是固定不变的，而是要结合具体的教学实际以及学生的学习情况有所变化和调整，而目前一个现实情况确实我国大部分的体育教师都依旧在一学期或学年内沿用同一个评价标准对学生进行评价，对于学生的评价流于形式，没有真正发挥出体育教学评价的作用，不能及时、准确地反映学生的学习情况，也不能为教师提供真实客观的教学依据。在这样的教学评价标准下得出的评价结果也是不客观、不准确的，这对于小学体育教学质量的提高是非常不利的。

二、小学体育教学评价体系完善与发展的对策

（一）创新体育教育理念，构建立符合小学体育教育要求的评价机制

体育教学评价体系的建设并不是一件容易的事情，在构建的过程中需要综合考虑各方面的要素。在建设体育教学评价体系的过程中，首先要建立创新体育教育的基本理念，依次为基础展开各项活动，这样才能确保体育教学评价活动的顺利进行。

在具体的体育教学评价体系建设的过程中，要注意以下几个方面的建设。

第一,明确学校体育在素质教育中的地位,结合具体实际明确体育教学目标及评价目标,提高评价手段与方法的操作性与实效性,构建一个合理的符合现代教育要求和教学实际的评价指标体系。

第二,以学生为本,充分肯定学生的主体地位,提高评价活动的自主性和创造性,提升学生参与教学评价活动的积极性。

第三,在体育教师的指导下,学生能深入理解现代教育的内涵与基本理念,要充分发挥体育教学评价的多元功能,为实现体育教学目标而服务。

(二)结合具体的教学实际完善体育教学评价内容

为促进小学体育教学的进一步发展,必须要建立一个健全和完善的教学评价内容体系,这一内容体系要涵盖多方面的要素,如学生身心健康、运动技能、学习态度、情感体验、创新能力等,这些方面随着现代教育的不断发展日益受到关注。

另外,在具体的小学体育教学评价过程中,还要充分考虑小学生的身心发展规律与特征、个体能力差异及经验差异等方面的因素,将过程性评价与终结性评价结合起来进行,这样才能得出准确客观的评价结果。

(三)促进评价主体的多元化

在新的时代背景下,学校体育教育也应跟上时代发展的形势进行一定的改革,这样才能与时俱进,符合社会发展的潮流。在学校教育上,我国的体育新课程标准提出了教学评价主体要多元化的观念,这一观念认为体育教学评价的主体不是单一的,而是学生、家长、教师等多个主体的结合,这些主体都要参与到教学评价之中,这样才能获得理想的评价结果。然而,目前我国大部分学校存在的一个情况是,只有对体育教师的评价,学生这一主体评价的存在感非常低,家长方面的评价更是少之又少,这种情况对于我国学校评价体系的建设与完善是非常不利的。

关于体育教师、学生与家长等主体的评价,各主体一定要结合自身的特点和实际情况合理的参与到教学评价活动之中。

(1)对于体育教师评价主体而言,体育教师可以通过学生的体能、体育知识、运动技能测试、学习过程中的具体表现、学习态度等进行综合评价,从而得出相对客观的评价结果。

(2)对于学生这一评价主体而言,学生可以在教师或者家长的帮助下制定一个科学的自评量表,量表内的内容主要包括学习态度、学习进展、情意表现与健康行为等多个方面。除此之外,还可以采用学生互评的方式,也能获得良好的评价效果。

（3）对于家长这一评价主体而言，家长可以在工作之余利用网络手段对自己的孩子做出一定的评价，评价的内容涉及学生日常体育锻炼行为、体育锻炼习惯等，得出一个过程性或总结性的评价。家长的评价也能为教师的教学提供一定的参考依据。

（四）构建一个科学完善的教学评价方法体系

为实现良好的小学体育教学评价效果，还必须要构建一个完善的教学评价方法体系，选用不同的评价方法对小学生体育教学展开具体的评价，这些不同的评价方式都有独特的功能，能实现不同的评价效果，结合起来有利于其多种功能的发挥，从而得出客观公正的评价结果。

另外，在选择体育教学评价方式要注重多元化，第一，将体育教师评价与学生评价结合起来进行；第二，将定性评价与定量评价结合起来进行；第三，将过程性评价和终结性评价结合起来进行。只有这样才能得出相对客观和公正的评价结果，从而为体育教师的教学活动提供必要的事实依据。

（五）注重体育教学评价反馈与指导功能的发挥

体育教师在开展体育评价的过程中，要充分考虑体育教学中的各个要素，这样才有利于得出良好的评价结果。在进行教学评价之前，我们首先要确立正确的体育教学目标，然后再展开教学评价活动。体育教学评价的结果要能符合并反映体育教学的目标，通常情况下会出现以下两种评价结果。

第一，通过教学评价所得出的教学评价结果是理想的，符合具体的教学实际，说明这一体育教学评价标准是科学的、合理的。

第二，如果没有取得理想的评价结果，这说明体育教学评价标准的制定不合理，不符合具体的教学实际，需要进一步调整和完善。

（六）针对学生不同特点，灵活构建评价体系

体育教学评价属于一个大而复杂的系统，系统内的要素众多，每一个要素的变化都会对整个评价活动产生重要的影响，因此在制定体育教学评价标准时要做到区别对待，结合学生的特点及具体的教学实际采用多样化的评价手段展开评价活动，即在教学评价中充分贯彻区别对待的基本原则。

在小学体育教学中，为实现良好的体育教学评价结果，我们要针对不同的学生建立不同的评价目标和标准，要综合考虑学生以及体育教学中

的各方面因素构建一个有利于学生全面发展的评价体系,从而促进学生的全面发展。

(七)制定多元评价标准,突出小学体育教学评价的激励功能

1. 多种标准,结合使用

随着学校教育的不断发展,体育教育也受到了一定的重视。为促进我国小学体育教育的发展,我国制定了相应的体育教学评价体系,这一评价体系主要包含等级评价、评分标准、绝对性成绩标准和相对性进步幅度标准等多项内容,这些评价内容都是以往不曾重视或者受到忽略的。在这样的评价标准体系下,教师可以选择合适的评价方式对学生展开具体的评价,通常能获得较为理想的评价结果。由此可见,体育教学评价正向着多元化的方向发展。总之,为促进体育教学的发展,要制定多种评价标准,结合起来使用。

2. 不断更新,增强标准的适合性

对于小学体育教学评价标准而言,没有一个固定不变的标准和体系,需要结合具体的教学情况随时更新与改变,这样才符合现代学校教育的要求。在具体的小学体育教学中,如果相邻两届学生的学习情况比较相似,就可以参考上一届的教学评价标准来制定这一届学生的评价标准,制定的标准也要体现出一定的差异,否则就失去了针对性,难以获得理想的评价结果。因此,为获得理想的评价结果,小学体育教学评价标准的制定必须要注重学生的个别差异,要重点突出评价的激励功能,增强评价的质量和效果。

第九章 小学体育教学质量
提升之活动管理

　　小学体育教学质量的提升,仅仅依靠有效完善和优化其教学过程,是远远不够的,这只是基础性的措施,还需要在其他方面也有所改进,比如,小学体育教学的活动管理。从狭义上来说,小学体育教学活动管理,主要是指课堂活动和课外活动方面的管理;从广义上来说,则是指一切与小学体育教学活动相关的事项的管理,除了课堂活动和课外活动管理外,还有教学活动过程中的安全与伤病处理、体育游戏的设计与组织等,这些都是本章的主要内容。由此,能对小学体育教学活动管理有一个较为全面的了解和认识,同时,也为教学质量的提升创造良好的条件。

第一节 小学体育课堂活动与课外活动管理

　　体育教学活动,主要包括两个方面的内容,一个是体育课堂教学,一个是体育课外活动。下面就对这两个方面的管理进行详细的分析和阐述。

一、小学体育课堂活动管理

　　对于学生来说,体育课堂活动,是其获取知识和技能最主要的方式和途径。因此,如果能够有效强化对小学体育课堂活动的管理,不仅会对体育运动理论知识、文化体验、技能掌握等有积极的促进作用,还能提高学生参与体育活动的积极性和主动性。

　　一般来说,小学体育课堂活动管理涉及的内容主要有三个方面,即课前、课上、课后三个方面的管理。

(一)课前管理

　　小学体育课堂活动管理,主要是指教师的备课管理。在所有的教学活动开始前,教师的备课都是必须要做的重要准备工作内容之一,是不可或缺的重要方面,其会影响到教学活动的进程顺利与否。因此,这就要求备课的质量一定要有所保证,也有管理者将教师备课方面的要求提了出来,比如,所准备的教案要规范、详略程度要适宜等。另外,教师备课的质量和规范性也要有所保证,学校要在这方面有定期或不定期的检查和评比活动,也可以适当安排一些集体备课,来有效提升体育教师的综合备课能力和水平。

关于体育教师的备课原则与要求,表现为:精炼、准确、真实、详尽。除此之外,体育教师在备课时,也一定要对学生的体育基础、体育骨干、伤病情况等实际情况进行充分考量。除此之外,一些其他的客观因素,比如,场地、器材等,也是备课需要综合考虑的因素,并且还要用精练、准确的文字来对这些情况做客观且详细的记录。

(二)上课管理

体育教师的上课管理,可以归纳为两个方面,一方面,是课堂氛围的营造,一方面是教学内容的把握。

首先,体育教师要对上课过程有高度的关注和关心,一定要保证上课的质量和效率。因此,课堂看课、听课等方面要提出相应的一些具体要求,以保证上课的效果,同时,还要适当组织一些公开课、观摩课,从而使对体育课的检查督导得到进一步加强。除此之外,体育教师还要想方设法为体育课提供必要的条件,从而使课堂上的一些问题得到妥善解决,课堂环境和氛围都会比较理想,这也为课堂效果的保证提供了有利条件。

其次,体育教师本身应该负责的管理工作内容丰富,但是,不可能对所有的事物都能充分关注到,这就需要在关注上要有所侧重,从而保证体育课的管理质量是理想的。

(三)课后管理

体育教学课堂活动结束之后,体育教师的工作并没有结束,其在课后的工作内容还可以大致分为两个部分:一是要将下次课的任务提出来,并且要组织学生将课堂上所用到的器材收回,对上课的场地进行整理,并按时下课;二是要对本次课程做总结工作,让学生对本节课有全面的回顾,积极参与讨论课程中的重点和难点,根据学生的意见和建议,有针对性地对下一次课进行安排。

二、小学体育课外活动管理

小学体育课外活动管理的内容,并不比课堂活动管理的内容少,仍然是非常多元的,其中,最为主要的有以下几个方面。

(一)早操、课间操的管理

通常,小学之间存在着或大或小的差异性,这也就决定了不同学校的课间操、早操的管理上也是有所差别的。但是,有一点是基本相同的,即早操、课间操管理包含的内容,具体有以下几个方面。

1. 项目管理

对早操、课间操的项目进行管理时,采用的管理方法通常有两种,一种是统一安排,一种是自选,通常会将这两种管理方法结合起来进行运用。

2. 器材管理

对课间操、早操的场地器材进行安排和管理采用的方法通常是将集体与分散结合起来。

3. 人员管理

这里所说的人员,主要是指学生干部、班主任、体育教师这几个方面,他们之间要相互配合,来对早操、课间操进行管理。

同时,要将关注的重点放在学生干部作用的发挥上,除此之外,还要做好早操、课间操的宣传教育工作,从而使学生能够更加全面和深入地了解和认识"两操"的重要作用,并使其能成为一种自觉行为提供相应的帮助。

4. 活动效果管理

通常,学校对早操、课间操的活动效果进行管理,采用的是平时考勤与抽查评比相结合的方法。

(二)个人体育活动的管理

体育教师在对学生的个人体育活动进行管理时,所采用的方式方法主要为指导、咨询、协调等,通过积极的鼓励、启发,使学生的体育锻炼具有一定的计划性特点,并且启发的方式和途径需要具有多样性特点的,这样,才能使其能够通过与自身情况的有机结合,来有针对性地选择活动内容,并且将与自身情况相符的科学训练计划制定出来,为更加科学合理地参与到体育锻炼中,取得理想的训练效果奠定良好的基础。

(三)班级体育活动的管理

通常,班级活动的举办,其要求会比个人活动的要求更高。因此,为了使学生参与体育活动的兴趣得到较好的激发和提升,这就要求在进行班级体育训练的管理时,要将训练与体育课教学内容有机结合起来,以"标准"为中心来有针对性地选择具体的项目开展锻炼,除此之外,将体育活动与学校传统项目和学生感兴趣、且简单易行的项目结合起来,也是一种有效的方式。

学生体育干部在班级课外体育活动中具有重要的带头作用,因此,一定注重这方面的重要性,并且尽可能将这方面的作用充分发挥出来。通过班主任、体育教师的指导,由班级体育委员在征求全班同学的意见和建议后制定相应的活动计划,组织落实班级体育活动。

(四)年级体育活动的管理

学校在组织年级课外体育活动的管理时,一定要对学校的实际情况以及学生的实际情况等进行充分考量,从而保证管理的有效性。

第二节 小学生运动安全与伤病处理

一、小学生运动安全基本常识

小学生的运动安全常识,涉及到很多方面,下面,就详细分析和介绍小学生在不同情况下应该掌握的运动安全基本常识。

(一)课间活动安全常识

(1)为了保证空气新鲜,课间活动要尽量在室外进行,但要注意与教室的距离不能太远,以免耽误下面的课程。

(2)课间活动的强度要适当,切忌剧烈的活动,避免后面课程过度疲劳,影响学习效果。

（3）课间活动应采用简便易行的活动方式，如做操等。

（4）课间活动要有安全意识，避免扭伤，碰伤等的发生。

（二）体育运动安全常识

1. 运动时间要适宜

通常，早上、下午第二节课后或傍晚前，都是较为适宜进行运动锻炼的。而中午及睡前则他要注意不适宜进行剧烈的体育锻炼。早晨的锻炼时间不易过长，运动量不宜太大，以免过度疲劳或兴奋，对一整天的学习造成不利影响。

2. 做好饮食营养和卫生工作

早晨锻炼前应喝些热开水、牛奶或糖水及吃少量饼干等食物；下午或傍晚锻炼前也应进食，但不应吃得太饱。同时，要保证营养均衡，不能挑食，多吃含维生素 C、维生素 B1 和蛋白质等的食物。

3. 运动服和鞋子要选择好

小学生要选择质地柔软、通气性能和吸水性良好、有利于身体健康和身体自由活动的服装；运动鞋，首先要符合自己的尺寸，还要具有一定弹性，通气性能良好，符合季节要求和保持清洁卫生。

4. 保持良好的生活习惯

良好的生活习惯对于小学生有着非常重要的意义，主要体现在保持良好身心状态，提高运动能力和锻炼效果，预防身心疲劳，防止运动外伤等方面。因此，要保持良好的生活习惯，需要保证充足的休息和睡眠，饮食有规律，早睡早起，不熬夜。

5. 培养体育锻炼的良好心态

学生在参加体育运动时，一定要持轻松愉悦的心情，这样对于他们从心理上获得快乐和满足感是非常有帮助的。

6. 做好充分的准备活动

小学生在进行体育运动之前，也要做好充分的准备活动，这对于消除肌肉关节的僵硬，使身心逐渐进入竞技状态，并不断提高运动水平，充分发挥运动能力,预防和减少运动创伤都是非常有帮助的。

除此之外,在参加体育运动之前,还要适量饮水,排净大小便,检查和熟悉运动场地和器械,学习和掌握必要的自我保护或相互保护的方法。

7. 做好整理活动

整理活动也是参加体育运动后不可或缺的重要方面,因为科学的整理活动,能够使身体躯干及内脏比较一致地恢复到安静状态。

(三)游戏时安全常识

1. 游戏场所要保证安全

小学生在学校中开展游戏锻炼,一定要远离道路,最好选择在较为空旷的操场或者体育场上进行,避免不必要的碰撞等。

2. 游戏本身要安全

在选择游戏时,一定要选择安全性比较高的游戏,具有危险性的游戏尽量不要做,也不要模仿电影、电视中的危险镜头。这样做的危险性很大,容易造成预料不到的后果。

3. 游戏的时间要适宜

游戏的时间要控制好,不能太久,否则容易导致过度疲劳,加大发生事故的概率。

(四)参加运动会的安全常识

小学中都会定期或不定期举办运动会,其中会包含很多竞赛项目,持续时间长、运动强度大、参加人数多,这时候,一定要高度重视小学生们的安全问题。具体要做到以下几点。

(1)要遵守赛场纪律,服从调度指挥,这是确保小学生安全的基本要求。

(2)没有比赛项目的同学,要在指定的地点观看比赛,不要在赛场中穿行、玩耍,否则,不仅会对参加比赛的同学产生影响,还有可能会被投掷的铅球、标枪等击伤。

(3)参加比赛前,做好准备活动,从而使身体更好地适应比赛。

(4)在临赛的等待时间里,一定要休息好。

(5)临赛前,吃得过饱或者过多饮水都是不允许的。临赛前半小时内,可以吃些巧克力，能使热量有所增加。

（6）比赛结束后，要坚持做好放松活动，使心脏逐渐恢复平静，切忌立即停下来休息。

（7）剧烈运动后，不要马上大量饮水、吃冷饮，也不要立即洗冷水澡。

（五）体育活动中的自我防护

（1）在参加体育运动前，女生要将身上的发卡、塑料或玻璃饰物等摘下来，男生则要将小刀等锋利物品拿出来。

（2）小学生在体育运动中做器械运动时，一定要在教师或同伴的保护下进行，严格按老师的要求去做，不能擅自运动，否则会造成不必要的意外事故。

（3）如果在体育运动过程中摔伤，不要急于起来，也不要乱搬动受伤同学，要等校医或教师来处理。

（4）夏天运动后，不要喝凉水，为了防止中暑，可以喝些淡盐水，补充水分和无机盐；运动后及时擦干汗水穿好衣服，不要立即冲凉，防止感冒。

二、小学体育运动的安全教育及措施

（一）体育教学安全教育措施

（1）体育教师在运动技术指导和安全保护方面要进一步加强，要使学生知道每一项运动的动作技术要领，懂得锻炼和保护的方法以及可能发生的意外事故和应注意的事项。

（2）体育教师要与医务人员密切联系，并且将学生体格检查制度建立起来，在医生的指导下，为有病与体弱的学生安排与其相适应的体育活动。

（3）体育教师和体育设备管理人员之间要做好合理的规划和分工，保证运动场地和设置警示标志的科学性。同时，还要将相应的运动秩序和规则制定出来。

（4）体育教师要带领学生在上体育课之前做好准备活动，体育课之后做好整理活动，避免肌肉、韧带拉伤，坚决杜绝"放羊式"体育课的出现。

（5）体育活动的组织工作要做好，纪律性特点要显著。

（6）要经常检查和维修体育设施，保证其必须是安装牢固的。在进行包括铅球、标枪在内的田赛项目锻炼时，场内、场外学生都必须服从教师安排，在教师指定的位置站立，注意安全，做到思想不开小差，一切行动听指挥。

在体操项目练习时,必须注意自我保护,在无教师或教师指定的学生保护时,学生不能自行练习。

(7)学生不得攀爬有关体育设施。

(8)任课体育教师作为安全责任人,要对上述体育活动的安全教育负责。

(二)体育课上采取的安全措施

体育课在小学阶段开展的主要目的是锻炼身体、增强体质。在体育课上所进行的锻炼的内容具有多样性和丰富性,在这些方面上,也需要对学生的安全加以重视,具体因为体育运动项目的不同而有所差别。

1. 短跑项目的安全措施

短跑等项目的开展要按照规定的跑道进行,注意不能串跑道。这样能有效保证学生的安全。尤其是快到终点冲刺时,更要遵守规则,因为这时人身体的冲力很大,精力又集中在竞技之中,思想上毫无戒备,如果因为不小心造成相互绊倒,那么受伤的程度就会比较严重。

2. 跳远的安全措施

跳远时,一定要严格按老师的指导做关于助跑、起跳等动作。起跳前前脚要踏中木制的起跳板,起跳后要落入沙坑之中。

3. 投掷运动项目的安全措施

在进行投手榴弹、铅球、铁饼、标枪等投掷运动锻炼时,一定要按老师的口令进行,令行禁止,不能有丝毫的马虎。否则所造成的危害是非常严重的。

4. 球类运动的安全措施

参加篮球、足球等项目的锻炼时,一定要做好自身的保护工作,不要在争抢中蛮干而伤及他人。

5. 单、双杠和跳高运动项目的安全措施

在进行单、双杠和跳高运动锻炼时,器械下面必须准备好厚度符合要求的垫子,如果直接跳到坚硬的地面上,会伤及腿部关节或后脑。做单、双杠动作时,要采取各种有效的方法,使双手握杠时不打滑,从而使从杠上摔下来受伤的情况得到有效避免。

6. 跳马、跳箱等跨跃运动的安全措施

在做跳马、跳箱等跨跃运动锻炼时，要注意器械前要有跳板，器械后要有保护垫，同时要有老师和同学在器械旁站立保护。

7. 垫上运动的安全措施

前后滚翻、俯卧撑、仰卧起坐等垫上运动的项目，做动作时要严肃认真，不能打闹，避免扭伤等的发生。

三、小学生运动伤病的科学处理

（一）小学生运动性损伤的科学处理

1. 水泡的处理

出现水泡之后，要用绑带包住皮肤。如果情况更严重，可使用消毒的空心针放出积水，涂上杀菌水（如碘伏），包上纱布并用胶布缠好。

2. 挫伤的处理

如果是单纯性挫伤，需要在局部冷敷后外敷新伤药，加压包扎、抬高患肢。有肌肉、肌腱断裂者，应将肢体包扎固定后，送医院治疗。如果是头部、躯干挫伤休克者，则应首先进行抗休克处理方法，保温、止痛、止血、矫正休克后，立即送医院治疗。

3. 皮肤撕裂伤的处理

如果症状较轻，应该在消毒后，以胶布黏合或用创可贴敷盖即可；如果受伤的面积较大，则需止血缝合和包扎。必要时酌用破伤风抗毒素肌内注射，以免引起破伤风。

4. 踝关节扭伤的处理

踝关节扭伤后，应暂停运动，冷敷，加压包扎，抬高患肢。24 小时后可以进行热敷和按摩。严重的扭伤或怀疑有韧带撕裂时应及时求医。

5. 肌肉拉伤的处理

如果拉伤较轻，可立即休息，抬高患肢，局部冷敷并加压包扎。如果伤者疼痛明显,可酌情给止痛药。24 小时后开始理疗和按摩。如肌肉大部分或完全断裂,应加压包扎并立即送往医院处理。

6. 胫骨痛的处理

适当控制用足尖跑、跳的运动量,但不应停止练习,使下肢在不加重症状的情况下,逐步适应过来。运动前要做好准备活动,运动后加强局部按摩。严重时,去医院进行专业治疗。

7. 关节脱位的处理

切不可随意做复位动作,以免加重伤情。用夹板或三角巾固定伤肢,并尽快送医院治疗。

8. 骨折的处理

不要随意移动肢体,用夹板或其他代用品固定伤肢;如出现休克时,应先施行人工呼吸。若伴有伤口出血,应同时施行止血,并及时护送至医院治疗。

(二)小学生运动性疾病的科学处理

1. 呼吸困难的处理

如果小学生还未适应运动,在运动刚刚开始1~2分钟就会有呼吸困难的感觉,这会导致其无法继续运动下午。导致这一问题的主要原因是,在呼吸、循环的氧气运输能力还没有充分提高之前,致使无氧供能的能量枯竭或血乳酸显著升高。这时候,可先停止运动,休息数分钟使身体恢复平静状态之后,再接着从轻运动开始练习。

2. 肌肉酸痛的处理

对酸痛局部进行静力牵引练习,保持拉伸状态 2 分钟,然后休息 1 分钟,重复练习。对酸痛的局部肌肉进行热敷,促进血液循环及代谢过程,有助于损伤组织的修复及痉挛的缓解。对酸痛局部进行按摩,使肌肉放松,促进肌肉血液循环,有助损伤修复及痉挛缓解。口服维生素 C,维生素 C 有促进结缔组织中胶元合成的作用,能加速受损组织的修复和缓解酸痛。补充微量元素锌元素,锌元素有利于损伤肌肉的修复。

3. 胸闷的处理

通常来说,导致胸闷的原因,主要是由于人心脏缺血所引起的心疼痛或冷空气刺激支气管而引起的气管痛症状,主要表现为运动中常有胸前区发闷、发胀、发痛等症状。当前研究表明,只要不引起其他临床症状,是可以进行适当运动的。而且,运动对于胸闷还有一定的治疗效果。

4. 岔气的处理

深吸气后憋住不放,握拳由上到下依次捶击胸腔左、右两侧,亦可用拍击手法拍击腋下,再缓缓作深呼吸。深吸气憋住气后,请别人捶击患者侧背部及腋下,再慢慢呼气。可连续做数次深呼吸,同时自己用手紧压疼痛处。用食指和拇指用力捻捏内关和外关穴,同时做深呼吸和左右扭转身躯的动作。可深吸气后憋住不放,用手握空拳锤击疼痛部位。

5. 运动中腹痛的处理

腹痛在没有明确诊断前,不能随意服用止痛药,避免因此而造成的掩盖病情最终导致误诊。一般运动过程中腹痛时,可适当减速,调整呼吸,并以手按压。如果这样做还不能减轻疼痛,甚至有所加重时,即应停止运动,进行检查,找出原因,酌情处理。如属胃肠痉挛,可针刺、手刺和手指点揉内关、足三里、大肠俞、阳陵泉、承山等穴,亦可用阿托品 0.5 毫克即刻注射,或口服"十滴水"。如属腹直肌痉直肌痉挛,可作局部按摩和背伸动作,拉长腹部肌肉。还没有效果,则需请医生诊治。

6. 低血糖症的处理

使病者平卧、保暖。神志清醒者可饮浓糖水或吃少量食品,一般短时间内即可恢复。不能口服者,可静脉注射 50％ 葡萄糖 40～100 毫升。昏迷不醒者,可针刺人中、百会、涌泉、合谷等穴,并迅速请医生前来处理。

7. 日射病的处理

在处理日射病时,要遵循的一个紧急处置原则就是降温,通常用冷袋和冷水湿敷。当体温高达 39℃ 以上时,可将冰袋放置在患者头部前额及枕部、胸部、腋区、大腿内侧等部位,用物理疗法进行降温。中度发热时(38℃)可用冷毛巾擦拭全身,微热时(37℃)可将身体暴露在阴凉的场所进行自然降温。

8. 中暑的处理

如果已经出现了先兆或轻度中暑的症状,就应该迅速撤离高热环境,至通风阴凉处休息,解开患者的衣领,并使其服用清凉饮料、浓茶、淡盐水和解暑药物等。如果患者的病情较重,则应该将其立即移到阴凉处,让其平卧。病情不同,具体的处理方式也会不同:中暑痉挛时,牵伸痉挛肌肉使之缓解,并服用含盐清凉饮料;中暑衰竭时服用含糖、盐饮料,并在四肢做重推按摩。症状重或昏迷患者,可针刺人中、涌泉、中冲等穴,并应迅速送往医院进行抢救。

第三节　小学趣味性体育游戏的设计与组织

一、小学体育教学中设计与组织趣味性体育游戏的意义

(一)有助于学生学习兴趣的激发

新课标将教师在实现小学体育教学目标方面的要求明确提了出来,主要表现为:教师在教学过程中,一定要对学生体育学习兴趣的激发高度重视,为学生养成良好的终身体育意识提供必要的帮助。

如果体育教师能够将趣味性体育游戏合理引入到小学体育教学中,能够有效增强体育教学的亲切感和趣味性,激发出学生的学习兴趣,使他们参与体育教学活动的积极性和主动性也会有所提升。

(二)有利于学生情感体验的丰富

在之前传统的小学体育教学过程中,教师对学生体育技能的培养,都是根据教学内容和教学目标而进行的,这就忽略了学生的主体性地位,没有考虑到学生的情感体验和价值培育。

《标准》中在这方面提出了明确的要求:教师在小学体育教学过程中,一定要对学生正确的体育价值观和责任感的培养与建立引起高度的重视,而趣味性体育游戏教学活动的真情实感非常显著,能够以其特有的方式,来将学生的情感认知有效调动起来,同时也使学生的情感体验更加丰富,为学生体验体育运动的快乐提供帮助,从而达到帮助学生有效培养和建立体育价

值观和责任感的目的。

（三）有助于学生道德素养的提升

小学体育教学的功能,除了在培养学生体育技能、增强学生身体素质等方面的体现之外,还有一个非常重要的方面,就是学生良好的思想道德素养的培养。一方面,趣味性体育游戏活动本身的对抗性、智力性、竞争性特点是较为显著的,在游戏过程中,学生要想在游戏中战胜对手,必须全身心投入,教师可以借助这种方式,来对学生形成勇敢进取、顽强拼搏、团结友爱、机智灵敏的品德进行重点培养;另一方面,趣味性体育游戏活动的组织与开展也是需要一定的规则约束的,学生在游戏过程中必须遵守活动规则,从而养成遵守规则的习惯,这也能使学生的纪律性与组织性得到有效提升。

二、常见小学趣味性体育游戏的设计与组织

小学趣味性体育游戏在设计时,一定要注意保证其娱乐性、趣味性,同时,还要保证其丰富的内容,以及显著的作用。教师在组织小学趣味性体育游戏时,也要对上述两个方面的要求加以考量。

（一）有效与无效口令

1. 游戏的设计

游戏目的:集中注意力,提高兴奋性。

游戏方法:游戏者成四列横队站立,听组织者口令行动。如果组织者下达口令前加"注意"二字,则为有效口令,游戏者须立即按口令做动作;如组织者下达口令前未加"注意"二字,则为无效口令,不执行动作。

游戏规则:错者、慢者视为犯规。

游戏奖惩:做错者罚做 2 次原地吸腿跳。

2. 游戏的组织

（1）教师对游戏方法、规则、奖惩措施等进行讲解。

（2）组织学生进行一次模拟练习,然后重新讲解出现的问题。

（3）组织学生参与到游戏中来。

（4）对于游戏中出现的违反规则等现象,教师要及时制止。

（5）对学生进行相应的奖励和惩罚。

(二)"长江"与"黄河"

1. 游戏的设计

游戏目的:发展学生快速反应能力和奔跑能力。

游戏方法:把游戏者分成人数相等的两队,面对面站在中线的两边,一队起名叫"长江",另一队叫"黄河",各队记住自己的队名。当教师发出"黄河"的口令时,"黄河"队马上转身往自己的场地安全线跑,"长江"队立刻追击,如在限制线内追上者为胜。

游戏规则:教师发令后才能起动,否则判犯规;被追击者跑过安全线,再追击判无效。

游戏奖惩:被追到者和没追到人者把对方背回中线。

2. 游戏的组织

(1)教师对游戏方法、规则、奖惩措施等进行讲解。
(2)组织学生进行一次模拟练习,然后重新讲解出现的问题。
(3)组织学生参与到游戏中来。
(4)对于游戏中出现的违反规则等现象,教师要及时制止。
(5)对学生进行相应的奖励和惩罚。

(三)贴年糕

1. 游戏的设计

游戏目的:发展学生快速反应能力及奔跑能力。

游戏方法:游戏者围一大圆圈站立。教师指定两人分追击者和被追击者。被追击者在未被抓住前可在任何队员身前站立,被抢占位置的队员迅速逃离,如若被追击者抓住进行交换。游戏限时进行。

游戏规则:①追拍时,应在圆圈内、外一定范围内,不得离圆圈太远;②贴人时,必须在圆内人前背对贴人。

2. 游戏的组织

(1)教师对游戏方法、规则、奖惩措施等进行讲解。
(2)组织学生进行一次模拟练习,然后重新讲解出现的问题。
(3)组织学生参与到游戏中来。
(4)对于游戏中出现的违反规则等现象,教师要及时制止。

(四)快接高抛球

1. 游戏的设计

游戏目的:提高反应速度、动作速度。

游戏准备:排球(或珍珠球)2～4个。

游戏方法:游戏者以7人为一组,各组游戏者在大圆圈外站好,然后按1～7报数,每人所报的号数作为自己的代号。各组选出一名游戏者持球站在小圆圈内。游戏开始,持球者用力向上抛球,同时高喊一个号数,如"3号"13号游戏者听见喊声迅速跑向圈内接球。抛球者则向圈外的3号位跑去。如3号游戏者未接住球则扣1分,并在小圈内重新抛球;如3号游戏者在球落地前将球接住,应立即用球触及抛球者,触中则抛球者扣1分。3号游戏者得1分,并在小圈重抛球喊号。游戏继续进行。

游戏规则:①球抛的高度要距头顶1米以上;②球要在原地直上直下抛;③抛球后不允许阻挡接球同学。

2. 游戏的组织

(1)教师对游戏方法、规则、奖惩措施等进行讲解。

(2)组织学生进行一次模拟练习,然后重新讲解出现的问题。

(3)组织学生参与到游戏中来。

(4)对于游戏中出现的违反规则等现象,教师要及时制止。

(五)两人三足接力

1. 游戏的设计

游戏目的:发展学生的协调性及同学间的团结合作精神。

游戏准备:绑脚绳10～12根。

游戏方法:将游戏者分成人数相等的两队,各队两人一组,成纵队站在起跑线后,面对标志杆。每一组两人靠近的小腿用绳子或布条捆住,这样成了两个人三条腿。教师发令后,各队第一组向前跑,绕过标志杆返回,与第二组击掌,然后到排尾站好。第二组按以上方法进行游戏,依次类推。以先跑回终点的队为胜。

游戏规则:①两个人的绳子要绑在膝部以下,中间不允许松开;②前两个人回到终点后,后面同学才可以出发。

2. 游戏的组织

(1)教师对游戏方法、规则、奖惩措施等进行讲解。

(2)组织学生进行一次模拟练习,然后重新讲解出现的问题。

(3)组织学生参与到游戏中来。

(4)对于游戏中出现的违反规则等现象,教师要及时制止。

(5)对学生进行相应的奖励和惩罚。

(六)石头、剪子、布

1. 游戏的设计

游戏目的:发展弹跳力及灵敏性。

游戏方法:每队各派出一人,背对站立,教师喊"1、2、3"的口令,喊"1、2"时,游戏者用力向上跳,喊出"3"时游戏者落地。落地时两脚可任意成三种姿势:两脚并拢表示"石头";两脚左右开立表示"布";两脚前后开立表示"剪子"。根据双方两脚落地姿势判断胜负。

游戏规则:不许回头看;听裁判口令统一行动。

2. 游戏的组织

(1)教师对游戏方法、规则、奖惩措施等进行讲解。

(2)组织学生进行一次模拟练习,然后重新讲解出现的问题。

(3)组织学生参与到游戏中来。

(4)对于游戏中出现的违反规则等现象,教师要及时制止。

(5)对学生进行相应的奖励和惩罚。

(七)喊数抱团

1. 游戏的设计

游戏目的:集中注意力,提高反应能力和上课的兴趣。

游戏方法:学生沿圆圈跑步或做行进间操,教师突然喊出一个数字,如"2个""3个""4个"……学生听到数字后,立即与邻近的同伴按所喊出的数字抱成一团。

游戏规则:教师哨响后不许再进行动作。

游戏奖惩:没抱团的或是抱错的学生罚做 2 次俯卧撑。

2. 游戏的组织

(1)教师对游戏方法、规则、奖惩措施等进行讲解。

(2)组织学生进行一次模拟练习,然后重新讲解出现的问题。

(3)组织学生参与到游戏中来。

(4)对于游戏中出现的违反规则等现象,教师要及时制止。

(5)对学生进行相应的奖励和惩罚。

(八)数青蛙

1. 游戏的设计

游戏目的:发展学生快速反应能力及记忆力。

游戏方法:游戏者站成一圈,教师指定甲开始说"一只青蛙",乙接着说"一张嘴",丙说"两只眼睛",丁说"四条腿";戊说"两只青蛙",已说"两张嘴",庚说"四只眼睛",辛说"八条腿",以此类推。出错后,重新开始。

游戏规则:说错或停顿为失败。

游戏奖惩:说错者表演小节目。

2. 游戏的组织

(1)教师对游戏方法、规则、奖惩措施等进行讲解。

(2)组织学生进行一次模拟练习,然后重新讲解出现的问题。

(3)组织学生参与到游戏中来。

(4)对于游戏中出现的违反规则等现象,教师要及时制止。

(5)对学生进行相应的奖励和惩罚。

(九)运球接力

1. 游戏的设计

游戏方法:将游戏者分成人数相等的两(四)组,各组纵队面对自己的折返标志站于起点线后,排头手持一篮球。游戏开始,听口令各组排头运球前进,绕过折返标志运球到限制区内时,将球传给本组第二人,自己站到排尾。第二人接着做,全组依次进行,最后球传给排头,排头立即将球举起,最先完成的组为胜。

游戏规则:①运球不得带球跑;②须在限制区内传球,接球者必须在起点线后接球,接球后才能启动,不能跑出去迎球。

游戏奖惩:输的队背赢的队绕比赛场地一圈。

2. 游戏的组织

(1)教师对游戏方法、规则、奖惩措施等进行讲解。

(2)组织学生进行一次模拟练习,然后重新讲解出现的问题。

(3)组织学生参与到游戏中来。

(4)对于游戏中出现的违反规则等现象,教师要及时制止。

(5)对学生进行相应的奖励和惩罚。

(十)绕人追击

1. 游戏的设计

游戏方法:游戏者围成一个大圆,左右同学间隔一臂距离。任意选出相邻的两名同学,一名跑,另一名追。跑的同学按逆时针绕人S形跑,只能一名同学一名同学的绕,追逐者按同样的方法去追,追上为获胜。开始跑时,两名同学相距两人的位置准备好。

游戏规则:不能同时绕过两人。

游戏奖惩:输者做俯卧撑两个。

2. 游戏的组织

(1)教师对游戏方法、规则、奖惩措施等进行讲解。

(2)组织学生进行一次模拟练习,然后重新讲解出现的问题。

(3)组织学生参与到游戏中来。

(4)对于游戏中出现的违反规则等现象,教师要及时制止。

(5)对学生进行相应的奖励和惩罚。

(十一)捕鱼忙

1. 游戏的设计

游戏目的:发展灵敏素质和奔跑能力,培养协调一致、团结合作的精神。

游戏方法:游戏开始时,由两人拉手组成"渔网"捕"鱼",被围者便参加"网",手拉手继续捕其他"鱼",把全部"鱼"捕完为止。

游戏规则:"鱼"不能跑出池塘,否则算被捉住;"鱼"被围不能用力冲破

"渔网",但可趁机从空隙中钻出去;捕"鱼"人只能手拉手去围捕,不能拉人、推人;捕"鱼"人手松开就算"网"破,"鱼"可以自由出入。

2. 游戏的组织

(1)教师对游戏方法、规则、奖惩措施等进行讲解。

(2)组织学生进行一次模拟练习,然后重新讲解出现的问题。

(3)组织学生参与到游戏中来。

(4)对于游戏中出现的违反规则等现象,教师要及时制止。

(5)对学生进行相应的奖励和惩罚。

(十二)火车头赛跑

1. 游戏的设计

游戏目的:发展腿部力量,培养团结合作的精神,提高身体协调一致的能力。

游戏方法:将游戏者分成人数相等的两队,成纵队站在起点线后。第二个游戏者把左(右)脚伸给第一个游戏者,左(右)手握住第三个游戏者伸来的脚,右(左)手搭在前人的肩上。依次类推,排头不伸脚,排尾不握脚,似一列"火车"状。教师发令后,各队按照一个节奏向前跳动,排头可以走步,"车头"先到终点线的队为胜。

游戏规则:火车启动后,如有"脱钩""翻车"等,必须原地修复,才能继续前进;火车行进时,不得互相干扰。

2. 游戏的组织

(1)教师对游戏方法、规则、奖惩措施等进行讲解。

(2)组织学生进行一次模拟练习,然后重新讲解出现的问题。

(3)组织学生参与到游戏中来。

(4)对于游戏中出现的违反规则等现象,教师要及时制止。

(5)对学生进行相应的奖励和惩罚。

(十三)明七与暗七

1. 游戏的设计

游戏目的:培养注意力的集中和反应灵活的能力。

游戏方法:游戏者站成一圈,教师指定一人开始报数。该人报七以下的数(含七),依次报数。遇数字尾数带七时为"明七",不报数,用击掌代替;遇七的倍数时为"暗七",不报数用跺脚代替。遇错后重新开始。

游戏规则:报数时,必须声音洪亮、清晰,发音停顿、不清者均为失误;要按照顺序依次报数,不得抢报;报数慢的、犹豫的均算输。

2. 游戏的组织

(1)教师对游戏方法、规则、奖惩措施等进行讲解。

(2)组织学生进行一次模拟练习,然后重新讲解出现的问题。

(3)组织学生参与到游戏中来。

(4)对于游戏中出现的违反规则等现象,教师要及时制止。

(5)对学生进行相应的奖励和惩罚。

(十四)打口袋

1. 游戏的设计

游戏目的:发展学生的投准能力。

游戏准备:口袋一个。

游戏方法:把学生分成人数相等的两队,一队在场地内,另一队分成两组在场地两端。两端的同学互相对扔口袋,在扔的过程中要尽力击中场地内的同学,在规定时间内,击中同学多的一队为获胜队。

游戏规则:①场地内的同学接到口袋后记一分;②击中的同学下场,有人接到口袋时,一次只能允许复活一个同学。

2. 游戏的组织

(1)教师对游戏方法、规则、奖惩措施等进行讲解。

(2)组织学生进行一次模拟练习,然后重新讲解出现的问题。

(3)组织学生参与到游戏中来。

(4)对于游戏中出现的违反规则等现象,教师要及时制止。

(5)对学生进行相应的奖励和惩罚。

第十章　小学体育教师专业教学能力的提升

对于一名体育教师而言,必须要具备扎实的体育知识与出色的运动技能,这样才能更好地指导学生进行学习,实现体育教学的目标。体育教师综合素质中,教学能力是一项核心素质,必须要加强这方面的建设与发展。小学体育教师专业教学能力主要包括基本的教学能力、教学设计能力、教学管理能力等几个方面,本章就重点做出阐述与分析,除此在外,建立一个和谐发展的小学体育教师专业教学能力体系是非常重要的,这一方面要引起高度重视。

第一节　小学体育教师教育教学能力提升

一、全面技能的提升

作为一名出色的小学体育教师,必须要具备全面的技能,这样才能有效指导学生参加体育学习与锻炼。小学体育教师的全面技能的涵盖范围非常广泛,不仅包括与体育教学直接相关的能力,还包括与体育教学有关的其他方面的能力,如心理健康教育能力、组织与管理教学活动的能力、指导学生课外体育锻炼的能力、科研能力和创新能力等。作为一名体育教师,必须要在平时的教学中注意以上能力的培养和提升。

那么,小学体育教师如何提升自己的全面技能呢? 可以参考以下途径和手段来提升自己的全面技能和素质。

（一）参加相关的专业技术及理论培训

对于一名小学体育教师而言,除了上好体育课之外,还要重视自身能力的培养与培训,可以在平时的教学之余通过参加各种专题讲座、专业技术及理论的培训和观摩课等来提高自身的全面技能。通过长期的培养与培训，体育教师能从中学习和掌握最新的教学手段与方法，能提高自身的技术水平和教学管理能力，这对于组织与管理教学活动，促进教学质量的提高都具有重要的意义。因此，参加专业技术及理论培训是促进小学体育教师全面技能提升的重要途和手段。

（二）及时了解当前全国小学体育教育的新动态

在当前社会发展的背景下，学校教育理念也在不断更新和完善，学校体育教育的改革也对体育教师的教学能力提出了更高的要求。作为一名小学体育教师，不仅要注重自身能力的提升，还要密切关注国家教育新动态，关于全国小学体育教育的发展动向，这样才能做到心中有数，切实地知道自己应该着重提升自身哪方面的能力，从而上好体育课，促进小学生全面素质的发展。

（三）通过网络提高自身的能力

随着现代社会的不断发展，科学技术在社会各个领域都得到了广泛的利用，在当今的互联网背景下，小学体育教师也应该紧跟时代发展的形势充分利用网络教育来了解小学体育教育的新动态及教育理念，不断丰富与完善自身的知识结构体系，提高自身的综合素质。这对于体育教学质量的提高具有非常大的帮助。

二、讲解设问能力的提升

讲解设问能力是体育教师应该具备的能力之一，这一能力与体育教师的逻辑思维、语言表达、知识储备等方面有着密切相关的关系。体育教师可以从以下几个方面来提高自己的讲解设问能力。

（一）充分了解讲解设问的要求和方法

通常情况下，体育教师的讲解设问技能主要包括讲解结构、语言运用、使用例证、重点强调、获得反馈五项要素，这几个要素缺一不可，在具体的运用过程中对体育教师都有一定的要求，体育教师要想进一步提升自己的讲解设问技能就要从以上几项要素进行。

（二）不断丰富讲解设问的内容

小学体育教师在平时的教学中还要采取各种各样的手段和措施不断丰富讲解设问的内容，积累大量的素材，逐步提升自身这方面的能力。

（1）在平时的教学工作之余不断扩展与体育教学内容相关的专业知识，主要包括体育理论与体育实践两方面的知识。

（2）加强技术动作的习练，从中获得深刻的体验，并做出详细的总结。

（3）从各种途径了解体育运动发展动态，能在体育教学过程中为学生举出丰富的例证。

（三）提高语言表达能力

语言表达能力也是体育教师应具备的一项重要的能力，在平时的教学过程中，体育教师要从点滴做起，做自己的语言表达方式进行一定的记录并展开具体的分析，注意哪一方面有所欠缺，应该提高哪一方面的能力等，通过分析和总结逐步提升自己语言的条理性。体育教师的语言表达能力主要体现教学总结、备教案、课堂讲解等教学活动之中，可以从这几个方面重点突破和练习。

（四）加强语言的科学性和艺术性

在具体的体育教学中，小学体育教师要加强语言教学的科学性和艺术性，应注意以下几个方面。

1. 语言要亲切感人，具有诱导性

小学生正处于青春发育时期，可塑性较强，容易受到各方面事物的影响，因此体育教师要严格遵循小学生的身心发展特点与规律组织与开展教学活动。在讲解体育运动理论或技术的过程中，语言要亲切热情，对于那些运动基础较差，学习水平不高的学生更要多利用鼓励的语言去诱导学生去学习，帮助他们树立学习体育的自信心。

2. 语言要词准意切，具有科学性

在体育实践课中，体育教师进行教学时必须要运用语言讲解法对技术概念及动作要领讲解清楚，这样才能使学生建立良好的动作表象，需要注意的是，体育教师讲解过程中所运用的语言要简洁准确，能使学生充分理解和掌握技术动作的习练要领。

3. 语言要活泼生动，具有形象性

体育教师在讲解一些技术动作或游戏要领及规则时，要学会运用生动活泼的语言去阐述，以激发学生学习的积极性，调动学生主动学习的情绪。这种形象生动的语言讲解，对于小学生学习体育的兴趣的激发是非常有效的，因此一定要引起重视。

（五）根据反馈信息及时调整自己的讲解行为

在体育教学过程中，体育教师除了要加强自身综合素质的培养和提高外，还要密切关注学生在学习中的具体表现，观察学生的表情、态度和行为，得出一定的反馈信息，然后根据这些反馈信息及时调整自己的教学方案，改善自己的教学行为，促进教学质量的提高。

三、生动示范能力的提升

作为一名小学体育教师，还要具备生动示范教学的能力，在教师的生动示范下，学生能激发学习的热情，促进教学质量的提高。

（一）明确示范的目的与任务

为实现既定的体育教学目标，体育教师首先要认真细致地研究体育教材，熟悉教学对象和授课内容，明确教学目的与任务，选择合适的教学手段与方法。由于，小学生的体育课大多是实践课，因此大部分教学内容都离不开体育教师的教学示范，为实现良好的教学效果，体育教师的示范必须要准确和合理。示范的目的在于帮助学生建立正确而清晰的动作表象，建立起正确的动作概念，从而为学习和掌握技术动作奠定良好的基础。

（二）示范的方位与距离

体育教师在示范技术动作的过程中，还要注意示范的方位和距离。示范的位置要考虑学生的视线，让所有学生都能看清自己的位置，在示范方位上，身体侧向行进的动作，可以采用镜面示范；身体正向行进的动作，可以采用侧向示范。这是体育教师所要清楚的。

（三）示范的时机与次数

随着教学过程的逐步深入，以及学生认识水平的不断提升，教师的示范

动作也要随之发展,要根据学生的特点及具体实际把握住示范的时机,调整示范的次数。除此之外,体育教师还要重视示范的重点和难点,并及时纠正学生在学习技术动作中的各种错误。

(四)示范与教学任务相结合

在具体的体育教学过程中,教师所采用哪种示范形式,主要依据技术动作的难度及特点而定,可以采用完整示范和分解示范相结合的方法进行示范教学。对于难度不大且不宜分解的技术动作可以采用完整示范的方法;而对于那些难度相对较大的技术动作,为了便于学生更好的学习和掌握,可以将完整的技术动作分为几个环节进行讲解。这样通常能获得理想的教学效果。

(五)示范与图片、影像等结合

在体育课上,有一些技术动作对于小学生而言具有一定的难度,并且技术动作的速度非常快,学生很难在短时间内掌握,这是体育教师可以采用示范动作和图片、影像等配合起来的做法,往往会受到出其不意的效果。

(六)示范与讲解的有机结合

体育教师在上体育实践课时,必须要示范与讲解相结合。这一点非常重要,如果在教学中,只做不讲,只让学生按照教师的动作进行模仿,就会严重束缚学生的思维活动,不利于取得理想的教学效果。因此,教师的讲解必须紧紧围绕示范动作,这样能加深学生对技术动作的理解,从而掌握和巩固技术动作。

四、保护与帮助能力的提升

在体育实践课中,受各种因素的影响,会存在一定的意外与风险,因此一定要加强运动中的保护与帮助,可以说,保护与帮助也是体育教师应具备的一项能力。要想提升体育教师的保护与帮助能力,可以从以下方面进行。

(一)掌握正确的保护与帮助的方法

不同的运动项目有不同的技术特点,但也有一定的规律性。作为一名合格的体育教师,要了解各类体育项目的特点及基本规律,熟悉每一个技术动作,了解技术动作的难点所在,知道应该在哪一环节对学生实施保护与帮助,对学生的保护与帮助要做到位置合适、部位正确、时机恰当、力量适度。

(二)要了解学生的特点,做到区别对待

由于每一名学生都是不同的,都有自身的个性差异,学生在练习技术的过程中也有自身的技术特点,作为一名体育教师要充分了解学生的这些特点,针对学生的不同特点区别对待。具体而言,体育教师需要了解学生的以下情况,以便于对其实施保护与帮助。

(1)熟悉学生的动作技术掌握情况。

(2)充分了解学生的身心发展特点及实际情况。

(3)了解学生当时的体力与思想状态。

(三)选择合适的教学方法和手段

体育教师在备课时要认真钻研和分析教材,根据学生的生理特点,选择合理的教学方法和手段。如对于技术性较强、有一定危险性的项目,教师应利用多媒体教学手段让学生事先了解和掌握动作的要领,了解动作的重点、难点及容易出现错误和危险的环节。这样能很好地预防意外的发生。对于容易出现伤害事故的教学内容,如投铅球、掷铁饼等项目,体育教师要指导学生加大间隔的距离,并统一口令投掷和捡器材,这样能极大地降低运动风险。

第二节　小学体育教师教学设计能力提升

一、体育教学目标的设计

(一)准确理解体育课程标准

一般来说,体育课程标准的内容主要包括课程性质、指导思想、基本理念、课程目标及实施细则等内容,这一课程标准与我们通常所说的教学大纲有着本质的区别。作为一名小学体育教师必须要准确理解体育课程标准的实质制定体育教学目标。体育教师可以充分运用网络的形式研习最新的体

育课程标准,深入理解专家对课程标准的解读,以为体育教学目标点设计奠定良好的基础。

(二)钻研教材

教材是体育教学活动的重要载体,没有了教材教学活动就难以顺利的进行,因此,体育教师一定要在平时注意钻研教材,了解教材的特点以及核心要素。重点分析教材的基本结构,然后选择与运用适合该教材的教学方法与策略,这样才能为学生的学习提供良好的帮助,促进教学质量的提高。

(三)研究学生

学生是体育教学活动的重要主体,一切教学活动都要围绕学生展开,因此要想组织与管理好教学活动,体育教师要对学生做出细致的研究与分析,研究学生可以从以下方面进行。

(1)研究学生的身体发展情况。这样就能抓住学生身体素质发展的敏感期发展学生的身体素质,从而有利于体育教学活动的开展。

(2)研究学生对运动技能的接受能力。小学生模仿能力强,接受难度技能的能力有限,注意的时间较短;而中学生则喜欢挑战具有一定难度的运动项目,注意的时间较长。因此,体育教师应该围绕不同时期的学生的特点来安排体育教学的内容。

(3)研究学生的性别差异。男女学生在体育兴趣和爱好方面有着极为明显的差异。一般情况下,男生喜欢竞争性强、挑战性大的运动项目,女生则喜欢趣味性和娱乐性强的项目。体育教师要了解学生的这些差异合理地安排教学活动。

(四)分析教学目标的要素

在体育教学中,体育教学目标主要包括行为主体、完成的课题、完成课题的条件和完成课题的结果等四个方面的要素。如果在教学目标中,特别是在运动技能目标中包含四要素,其教学结果就能让听评课者对一节课的好坏一目了然,这对学生的导学作用更强,也能使教师在课后做小结的目标更明确。因此,体育教师要想设计出合理的教学目标,就要事先充分分析这些目标要素,以做到心中有数。

（五）课后反思

课后反思也就是我们通常所说的课后小结。教学目标的反思主要是看教学目标的实现程度。一般来说，主要有三种情况：一是目标制定得太高；二是目标制定得过低；三是目标制定得合适。体育教师要根据这三种情况，做出深刻的反思。如果存在目标过高或过低的情况就要充分了解是哪个环节出了问题，并采取必要的措施和手段加以解决。

（六）模仿优秀教学案例

为提高教学目标的设计能力。体育教师可以以多年来全国中小学体育教学观摩展示课的教案为模板，或者以比较有影响力的出版社出版的中小学教学参考书、优秀教学用书为模板，分步进行练习。第一步，可以选择教学内容，对照优秀教学案例直接模仿。第二步，可以根据优秀教学案例，自己先设计教学目标，然后比较自己设计的教学目标与优秀教学目标的差别。

二、单元设计能力

（一）认真研究课标与教材，初步确定三维目标

为提升自己的单元教学设计能力，体育教师要认真研究课程标准与教材结构，确定合理的三维目标。可以从以下方面进行。

（1）初步确定本学年和本学期、本单元的教学目标，并对教材进行初步的单元组合。

（2）研究教材中涉及知识、技能、方法和态度等方面的内容在整个基础教育阶段的目标要求与本学年、本学期的目标要求之间的关系。

（3）研究教材的内涵、特点与价值，把握教材的技术结构、重点与难点。

（4）研究新教材与旧教材的不同，分析与本单元有关的内容在教科书中的安排。

（5）研究借助教材可以实现的三维目标，分析教材与课标的关系。

（二）认真研究学生，确定单元教学目标

体育教师研究学生，不仅要研究他们已有的知识技能基础，还应研究学生的经验、思维方法和态度。在此基础上，确定单元教学目标，包括了解本

单元的主要教学任务、本单元的教学重点和难点、三维目标如何体现和整合。同时,体育教师还要考虑:设计的教学目标对于不同层次的学生而言意味着什么,制定的单元教学目标会存在哪些问题等。

(三)确定与单元教学目标有关的教学内容与方法

在体育教学中,实现单元教学目标的方式有多种,体育教师应根据活动主题的需要选择合适的方式。比如,在一个活动主题中可以采用几种不同的形式和方法;在课堂教学中所采取的具体做法能充分体现本次课的教学思路;考虑如何实现学习目标或教学目标的途径,解决"怎么学"和"怎么教"的问题;考虑教学媒体的选择和应用,根据不同的情况选择不同的教学媒体或教学资源等。

(四)确定评价学生的考核方法

要想对学生做出客观合理的评价,就要制定合理的考核学生学习成绩的方法。在明确终结性评价之后,体育教师能够将其更加清晰地转化为形成性评价的内容,并进一步明确单元的教学目标。要想学生在最好的教学评价中获得好的成绩,就必须在教学过程中进行形成性评价。教师在教学过程中要对教和学的行为作出评价,在进行行为评价时要以目标为标准进行评价,评价可以提供关于教学效果的反馈信息。

三、体育课堂设计能力

课堂设计是教学设计的重要内容之一,作为一名小学体育教师一定要具备良好的课堂设计能力。

(一)紧跟体育课程改革

课堂设计必须以一定的基本理论为指导,包括教育心理学、学习论和教学论等。体育教学的基本理论中最重要的理论之一是体育课程标准。体育教师要认真分析体育课程标准,紧跟体育课程改革的步伐。为了正确地把握体育教学的本质,紧跟体育课程改革的前沿,体育教师可以通过自学和参加全国体育教学观摩展示活动的方式,不断地提高自己对体育教学改革一线出现的现象的分辨能力,多读一些体育教学改革的研究成果,这些对于体育教师的课堂设计能力的提高都是非常有帮助的。

因此,课堂设计必须以体育课程标准的基本理念为出发点,不断吸收体育课程改革的新成果,设计符合人才培养的体育教学方案。

(二)研究优秀体育课堂教学

为提高自己的体育课堂设计能力,体育教师还可以利用研究优秀体育课堂教学录像的方式,选择自己擅长的内容,以一节课为单位进行教学设计。按照要求设计好后,在不同的群体中开展说课研讨,再根据研讨者提出的意见或者建议对设计方案进行修改。然后,教师根据修改的设计方案进行实践,邀请同行专家或研讨人员对该课的设计进行点评,然后再作修正,这样能极大地提升自己的课堂教学设计能力。

(三)进行课后教学反思

受体育教学中各种因素的影响,教学效果与预测效果不一定相吻合。因此,进行课后教学反思是有必要的,这也是提升体育教师课堂设计能力的一个重要环节。反思的内容主要包括:一是反思该课堂设计是否贯彻了新课程理念,是否突出了学生的主体地位;二是反思该课的教法与学法是否有效,是否有利于实现教学目标;三是反思教学目标的实现程度。

第三节　小学体育教师教学课堂管理能力提升

一、体育课堂教学管理的类型

总的来看,体育课堂教学管理主要有以下几种类型。体育教师要根据具体的教学实际选择符合学生特点及教学实际的管理类型,其目的都是为了获得理想的教学管理效果。

(一)专断型

专断型的教学管理类型在以往的学校体育教学中普遍存在着。在这一管理类型之下,体育教师对学生提出了非常严格的要求,学生必须按教师的要求执行课堂常规。教师往往以命令的方式要求学生完成一些学习任务,学生不得不服从命令,教师认为学生若不听从命令就是无视教师的权威,对于这类学生往往会采取一些方式进行惩罚。在整个课堂教学中,教师将个人意愿和个人权威放在首位,而对学生的个性化需求及其主体性并不在意。课堂教学氛围紧张、压抑、沉闷,学生不敢发表自己的意见和想法,虽然对教师言听计从,但并不是真正愿意在这样的氛围中学习。长此以往,必然会压抑学生的个性,不利于学生的全面发展。因此,在新的教育背景下,这一教学管理的类型已难以适应学校体育教育的要求,需要改进和完善。

(二)放任型

放任型的管理方式在以往的体育教学中甚至在如今一些学校中也是存在的,这一教学管理方式具有很大的不足,在这一管理方式下,体育教师往往缺乏责任心和管理意识,体育教师只负责传授学生知识与技能,其主要教学目的是完成教学任务,至于学生能否完成教学要求、实现教学效果,体育教师对此并不关心,体育教师对学生学习的态度基本上是"放任自流",这严重影响着教学质量的提高,阻碍着学生的全面发展。

体育课堂教学管理的主要目的在于营造良好的教学氛围,实现预期的教学效果。在体育课堂教学中,体育教师要想方设法地使学生在良好的课堂环境下学习知识与技能,从而提升学习的效率,最终取得理想的学习效果。但放任型管理方式之下,体育教师往往忽略了课堂管理的重要性及自身在课堂管理方面应有的责任。教师对学生放任不管,似乎对学生的个性发展有益,实则对学生的学习与成长无益,教师不负责任的态度导致体育课堂教学无法满足学生的实际需求,无法调动学生的学习热情,即使学习自觉的学生如果长时间不管理,也会变得懒散,而本身自觉性就差的学生更是无视课堂纪律,会做出一些不尊重体育教师、破坏课堂纪律、影响其他学生的不良行为。总之,放任型课堂管理方式不利于体育课堂教学的顺利进行,最终必然影响课堂教学效果,而且也会影响学生的身心健康发展。因此可见,放任型的体育教学管理方式存在着很大的弊端,不值得推广。

(三)民主型

在民主型的体育教学管理方式下,体育教师以学生的实际需要为中心,围绕学生的整体特征及个性化需求而展开教学,这一形式的教学能充分激发学生的学习积极性,强化学生的学习动机,满足学生的体育学习需求。因此民主型的体育教学管理方式得到了大部分专家及教师的肯定,在学校体育教学中得到了广泛的利用。

民主型课堂之下的教学管理方式与其他管理类型相比比较灵活,在这一灵活的管理方式下,学生能保持较高的学习兴趣,维持良好的学习状态,这对于学生学习质量的提高是非常有利的。随着课堂教学需求的提高和教学因素的变化,体育教师也能及时完成课堂环境的重建,从而满足新的需求,适应新的变化,这是民主型管理方式与前两种管理方式相比而言最显著的优势与特征。

总之,在民主型的体育教学管理方式下,学生的地位受到了极大的尊重,学生能积极主动地参与教学活动,能营造一个和谐融洽的课堂教学氛围,从而促进教学效率的提高,有利于实现体育教学的目标。

(四)理智型

理智型体育教学管理也是体育教学中一个比较常见的管理方式,在这一管理方式之下,体育教师有清晰的教学思路、明确的教学目标,并依据教学目标而有序安排每个教学环节,精心处理每个教学细节,以求最终顺利实现课堂教学目标。此外,体育教师也能够以课堂教学目标和所教的内容为依据而对一些教学方法合理进行选用,并给学生留出自主学习与思考的时间,让学生自主选择适合自己的学习方式,从而提升学习效率,实现学习效果。

体育教学实践是以身体为主的课程,通常是在室外进行的,因此整个教学过程会受到各种内外因素的影响。而对于理智型的教师而言,他们往往能够凭借自己丰富的教学经验灵活安排课堂教学工作,并灵活管理学生,学生在课堂上表现出来的学习态度、学习行为等对教师来说都是有价值的反馈,教师可依据这些反馈信息而灵活进行管理,从而端正学生的态度,促使学生自觉主动地参与到体育教学之中。运动理智型管理方式的体育教师通常都具有较高的文化水平,他们能够很好地理解这一管理方式,并将其充分贯彻于体育课堂教学活动之中。

但需要注意的是,在理智型课堂教学管理方式下,整个课堂教学活动比较沉闷,缺乏活力,主学生学习的热情不高,学习效率得不到良好的保证。因此要谨慎选择。

(五)情感型

每一名教师都是不同的,都有自己的个性特点,一部分教师具有鲜明的个性,在教学中会经常流露出自己丰富的情感,这一教学管理就属于情感型的管理方式。这一管理方式的特点主要是,体育教师从学生的情感需要出发来管理课堂教学活动,课堂管理的整个过程中都透漏着教师对学生的"爱"。体育教师以得体而亲切的语言进行课堂教学,并鼓励学生发挥自己的优势,对于进步明显的学生,教师总是不吝夸奖。教师对学生的情感需要给予一定的关注与重视,并能根据学生的情绪调动课堂气氛,使学生在体育课堂上能够获得愉快的心理体验。体育课堂上难免会有破坏课堂纪律的学生,提倡情感型管理的体育教师不会一味指责这些学生,而是会以恰当的方式来指正,引导他们规范自己的课堂行为,这对于维护和谐的师生关系具有重要的作用和意义,如果运用得当,这一教学管理方式也能取得良好的教学效果。

(六)兴趣型

兴趣型教学管理也是一种重要的管理方式,利用这一管理方式的体育教师往往教学艺术高超,教学风格突出,具备高超的教学技巧,在这一方式之下,学生能散发出积极的学习热情,能自觉主动地参与教学活动,从而提升学习的效率。

在兴趣型的教学管理方式下,体育教师要具备多种多样的教学能力,在课堂教学中语言要生动形象、教态要从容优雅、示范优美娴熟、节奏把控良好,能够以有趣的方式给学生呈现所要教授的内容,使学生在富有美感的课堂中集中注意力听讲、看示范,使学生保持高昂的学习热情,在这样愉悦的教学氛围下,学生能受到极大的感染,整个教学活动都显得异常轻松活泼,有利于教学效率的提高。

二、体育课堂教学管理的内容

体育课堂教学管理的内容非常多,作为一名合格的体育教师要了解、熟悉并掌握这些内容,以为教学管理工作的顺利开展奠定良好的基础。

(一)课堂教学目的与任务管理

体育教学活动的开展首先要明确一定的目的和任务,围绕目的与任务展开教学活动,因此制定科学合理的教学目的语任务就显得非常重要。教学目的与任务管理就成为体育课堂教学管理的重要内容。只有确定合理的教学目的与任务,体育教师才能有的放矢,少走弯路。

在体育教学中,任何活动的进行都要依据一定的课堂教学目的与任务进行。同时,学生也要明确学习的任务和目的,从而采取有针对性的学习方法,去努力完成学习任务,实现学习目的。

大量的实践与事实表明,体育课堂教学效果与教学目的与任务的合理与否有着直接的关系,如果教学目的与任务科学和合理,体育教学活动就能得到顺利的开展,如果教学目的与任务缺乏科学性和合理性,那么体育教师在教学过程中很难把握重点、突出重点,教师不知为什么而教,学生不知为什么而学,整个课堂教学显得盲目、随意,而且氛围也比较压抑、枯燥,最终影响教师教授的热情与学生学习的积极性,导致教学效果不佳。因此,体育教师一定要结合具体的教学实际确定科学、合理的教学目的与任务,以此为依据组织与开展课堂教学活动。

(二)课堂容量及难度管理

课堂容量与教学难度是体育教师在教学活动中所应重视的一方面,目前来看,我国大部分学校的体育实践课虽然容量小,但存在一定的难度,超出学生的身心承受能力,而且安排男生与女生一起上体育课,没有考虑他们的身心发展差异,一些男生容易掌握的内容,女生学习起来却有一定的难度,这在一定程度上影响女生学习的积极性,打击她们的自信心,不利于课堂教学目标的实现。

除此之外,虽然一些体育实践课容量比较大,但难度却较低,学生学习起来没有挑战性,难以引起学习的兴趣,这些内容的学习很难提高学生的体育技能水平。由此可见,体育课堂教学容量与难度如果安排不合理,都不利于提高课堂教学效果,体育教师必须要加强这方面的管理,根据教学实际情况和学生运动水平确定合理的课堂容量与教学难度。

(三)课堂时间分配管理

一堂完整的体育实践课主要包括准备部分、核心部分和整理部分三个部分的内容,这三个部分的安排要有所侧重,这样才能增强体育课堂教学的时效性,使体育课堂教学的节奏感更鲜明,有利于学生学习和掌握重点内容。因此,这是哪个部分的教学时间要合理的安排,另外,在每个部分的教学中又包含一些具体的教学活动和任务,对于各项活动与环节所用的时间也要合理安排与分配,以保证突出教学的重点与难点,保证学生学习与掌握体育知识与技能。

在具体的体育教学中,体育教师要合理地分配好课堂时间,但需要注意的是,体育教师不能因为没有分配好时间就随意减少计划要传授的教学内容,或课后拖延时间匆匆完成任务,这都是不负责任的表现。加强对体育课堂时间分配与安排的管理体现了有效教学的观念,能够将有限的课堂时间充分利用起来,提高教学效率,实现教学目标。

（四）课堂教法管理

为实现体育教学的目标，选择合适的教学手段与方法也是非常重要的，因此教学方法管理也是体育课堂教学管理的重要内容。体育课堂教学方法的管理至关重要，体育教师在这方面的管理中能够深刻体会到"教学有法、教无定法、重在得法、贵在活用"的含义，并能积极探索与学习新的教学方法，加强对传统教学方法的改革与创新。对体育教法与手段进行革新与管理，首先要树立新的教学理念，在先进理念的指导下创造新的教学方法，以提升体育教学的高度，彻底改变传统体育教学中将少数几种教学方法不分场合、一用到底的局面。体育教师在课堂上合理运用教学方法有助于实现省时低耗、优质高效的教学效果。

除此之外，为了强化体育教学方法的管理，探索更加先进的体育教学方法，学校相关部门应组织体育教研组定期开展研讨会，制定体育教学方法创新与发展的方案或计划，构建一个科学合理的体育教学方法体系。这对于体育教学质量的提高具有重要的意义。

（五）课堂教学效果管理

课堂教学效果管理也是课堂教学管理的一项重要内容。评价一节体育课是否成功，不能只看表面，而是要看最终的教学效果，体育课的教学效果最直观地反映在学生的考试成绩中，尤其是技能考核成绩中。在体育课堂教学中，教师的教学活动与学生的学习活动都是为实现教学目标和提高教学效果而服务的，因此，体育教师必须在教学内容安排、教学方法选用、教学模式构建、教学评价实施中不断改进与优化，从学生的具体实际出发，帮助学生切实掌握体育知识与技能，促进学生的全面发展。总之，课堂教学效果管理是教学管理的重要组成部分，体育教师在组织与管理教学活动的过程中一定要将其作为一项重要的内容。

三、体育课堂教学管理的原则

（一）学生主体性原则

在学校体育教学中，学生是重要的主体，一切教学活动的开展都要以学生为中心，围绕学生进行，教师在其中起到重要的指导和引领作用。在具体的体育教学过程中，体育教师要想方设法地引导学生积极主动地参与体育学习,提高学习的兴趣,这样才能保证体育教学活动的顺利开展。这就是体育素养教学管理中学生主体性原则的运用。

学生主体性原则要求体育教师在具体的教学管理中要树立以学生为宗旨的教育观,积极引导学生学习,为学生提供各种帮助和服务。设计的教学内容与方法要符合学生的个性特点与运动水平。教师还要引导学生积极主动地去学习,提高学生自我解决问题的能力。要将主体性精神充分贯穿于学生的课堂教学管理之中。

综上所述,学生主体性原则主要体现出以下内涵。

(1)学生是教学活动的主体,教师起引领和指导作用。教师的"教"要围绕学生的"学"进行,要始终将学生的学习放在第一位。

(2)在体育课堂教学中,教师的示范讲解等要精简,学生活动要占其中大部分的时间。

(3)教师要善于启发学生,培养和提高学生的创新意识与能力。

(二)身心全面发展原则

在体育课堂教学管理中,为实现良好的管理效果,必须要注重学生的身心全面发展,要以此为基本原则组织与管理学生的学习。在这一原则之下,要求课堂教学不仅要包括运动技术的传授,还要培养学生的体能、心理品质和适应社会的能力,要将这几个方面结合起来进行。除此之外,还要充分挖掘各运动项目的心理价值和社会价值,充分发挥各项目的功能与价值,促进学生的全面发展。如田径中长跑运动以及游泳等能有效锻炼学生的心肺耐力,磨炼其意志品质;足球、篮球等集体项目还能培养学生的团队精神,这些都是体育教师在教学管理中应重点关注的。

(三)兴趣先导原则

兴趣在学生的学习中扮演着十分重要的角色,只有产生了良好的兴趣,学生才能积极主动地投入到学习之中。因此在体育课堂教学管理中,体育教师要把握学生学习的这一特点,严格遵循兴趣先导的基本原则组织与管理教学活动。首先,体育教师要事先做好充分的调查,充分了解学生的体育兴趣,然后根据学生不同的兴趣来安排教学活动。另外,体育教师所制定的教学计划或方案也要建立在学生兴趣的基础之上,教师在教学中要善于因势利导,强化学生的兴趣与学习行为,从而提高教学质量和效果。

(四)因人而异、因材施教原则

由于每一名学生都是不同的,都有自身的具体实际情况,因此在体育课堂教学管理中，体育教师要遵循因人而异、因材施教的基本原则，对学生进行区别性的对待，这种区别性的对待并不是不公平的教学，而是依据学生的特点和具体实际对其进行指导，这样有利于促进学生的发展。在具体的教学管理中，体育教师要依据学生的兴趣爱好、体育基础、健康状况等找出共同点和不同点，对其展开因材施教。体育教师确定的教学目标和要求，以及制定的教学方案或计划等都要依据学生的具体实际进行，要切合实际，这样才有利于取得理想的教学管理效果，促进学生的全面发展。

第四节　和谐师生关系建设

建立一个和谐的师生关系对于体育教学质量的提高具有重要的作用，如何建立和谐的师生关系，历来都是一个重要的话题。和谐师生关系主要指的是处理体育教师主导性与学生主体性之间的关系。只有处理好这一关系，才有可能建立一个和谐发展的师生关系，从而促进体育教学的发展。

一、体育教师主导性与学生主体性相辅相成

在体育教学中，师生间的关系非常微妙也非常重要，体育教师主要起主导作用，学生则居于主体的地位，体育教师的主导性和学生的主体性之间成一定的正相关的关系，即体育教师主导性的变化会引起学生主体性的变化，体育教师主导性增强了，学生的主体性也会增强，反过来也是如此。由此可见，体育教师与学生之间的关系非常密切，二者是相辅相成的关系。

体育教师在教学活动中起着重要的指导作用，这一指导作用就是我们通常所说的主导性，主要体现在制定体育教学任务和目标，调查与了解学生具体情况、制定体育教学计划或方案、组织与管理教学活动等。这些都是体育教师所做的各项工作，通过以上工作内容，学生会得到极为有效的帮助，能激发学生学习的兴趣，促进体育教师与学生的密切配合，增强体育教学效果。总之，如果学生能获得良好的学习效果，那就说明体育教师能很好地了解学生的具体情况，选择与应用的体育教学方法也非常合理，这些都是体育教师主导性的重要表现。

综上所述，体育教师的主导性和学生的主体性之间是密切联系在一起的，在平时的体育教学中，要重视体育教师与学生的管理工作，促进二者之间的共同发展，这样才能实现良好的教学效果，促进小学体育教学的发展。

二、强化体育教师的主导性能够更好地激发学生的主体性

建立一个和谐的师生关系对于体育教学质量的提高具有重要的意义，因此不能将体育教师的主导性与学生的主体性割裂开来，要统一起来发展。当前我国绝大部分的学校都非常重视学生与教师的发展。但也有一部分学校没有将学生的主体地位放在明显的位置，一些体育教师没有充分尊重学生的个性发展，也没有深入细致地了解学生，这使得体育教师的教学变得枯燥乏味，学生对体育教师产生了一定的误会。体育教师的主导性并不是指控制学生的主体行为，而是体育教师重视学生的主体发展，如果体育教师能有效激发学生学习的兴趣，那么二者就成形成默契的配合，从而使得体育教师的主导性更强，从而为体育教学提供重大的帮助。

随着我国学校教育的不断发展，学校教育部门也充分认识到体育教师的主导作用，加强了体育教师的培养与培训，通过进行相关的一系列改革，体育教师开始对素质教育给予了相应的重视。虽然教学活动要以学生为本，强调学生的多学多练，但体育教师的主导性作用仍然不要忽视，二者不能割裂开来，和谐师生关系的建立是推动体育教学发展的重要力量，要求体育教师的主导作用能得到充分的发挥。这样才能激发学生学习的积极性，进而提高教学质量。

附录 小学体育课程设计案例

一、前滚翻

班级:三年级　　　　　人数:40人　　　　　授课教师:蒋映霞

<table>
<tr><td rowspan="2">教学内容</td><td colspan="2">1. 体操技巧:前滚翻
2. 高姿匍匐前进跑步接力</td><td>教学重点</td><td>学习前滚翻的动作技能</td></tr>
<tr><td colspan="2"></td><td>教学难点</td><td>团身紧、滚动圆滑</td></tr>
</table>

<table>
<tr><td>教学目标</td><td>1. 运动参与目标:让学生积极主动的参与前滚翻的练习,并从中获得乐趣
2. 运动技能目标:通过练习,使70%的学生能够正确掌握前滚翻的技术动作
3. 身体健康目标:发展学生的协调性,以及对身体的掌控能力
4. 社会适应目标:通过游戏练习,培养学生团结协作的能力。</td></tr>
</table>

<table>
<tr><td rowspan="2">教学过程</td><td rowspan="2">教学内容</td><td rowspan="2">教与学的过程</td><td rowspan="2">组织与要求</td><td colspan="3">运动负荷</td></tr>
<tr><td>次数</td><td>时间</td><td>强度</td></tr>
<tr><td>开始部分</td><td>一、课堂常规
1. 集合整队、检查服装和人数、师生问好

2. 宣布本节课的内容
技巧:前滚翻</td><td>教法:
1. 督促整队,检查服装
2. 讲解学习目标,提出学练要求

学练法:
1. 明确学习目标及要求
2. 迅速进入学习状态</td><td>组织:四列横队
♦♦♦♦♦♦♦♦♦♦
♦♦♦♦♦♦♦♦♦♦
♦♦♦♦♦♦♦♦♦♦
♦♦♦♦♦♦♦♦♦♦
↑
要求:整队快静齐
注意力集中
精神饱满</td><td>1</td><td>3</td><td>小</td></tr>
</table>

教学过程	教学内容	教与学的过程	组织与要求	运动负荷		
				次数	时间	强度
开始部分	二、准备活动 1. 操场跑两圈 2. 小刺猬团身灵敏性练习 3. 徒手操 a. 头部运动 b. 肩绕环 c. 腹背运动 d. 弓步压腿 e. 膝关节运动 f. 手腕踝关节	教法： 1. 口令指挥练习 2. 语言提示要领做示范 3. 组织学生练习 4. 教法评价 学练法： 学生听口令练习	组织：以回路广播体操队形散开做操 要求：注意力集中，听信号做练习	1 4×8拍	2 3	
基本部分	一、体操技巧： 1. 图片展示（方形与球） 2. 抱膝前后摇摆练习 （提示：像船一样） 示范"背拱"，讲解"保护与帮助"。模仿大狗熊在草地背靠垫子滚动 3. 前滚翻 动作要点：蹲撑开始，两腿用力蹬地，低头团身抱腿	教法： 1. 展示方形与球的滚动性质，（只有球形物体才能圆滑地滚动） 2. 讲解、示范团身摇摆动作，指挥学生分组练习 3. 巡回指导 学练法： 1. 观察球与盒子滚动的区别 2. 听讲解看示范 3. 分小组做垫上前后摆动练习 教法： 1. 讲解并示范前滚翻动作要领 2. 指挥学生分组练习，巡回指导	组织：集合整队队形 要求：纪律良好 注意观察思考 组织：4人一组一张垫子 要求：摇摆连贯积极练习 组织： 4人一组一张垫子 要求： 认真观察 积极参与练习 牢记口诀	3 5 12		中

续表

教学过程	教学内容	教与学的过程	组织与要求	运动负荷		
				次数	时间	强度
基本部分	口诀:一蹲二撑三低头,团身滚动像圆球 重点:两腿迅速蹬直 难点:团身紧、滚动圆滑 4. 高姿匍匐前进跑步接力 a. 教师示范 b. 学生进行比拼	3. 请学生展示,教师点评。 4. 提出口诀、强调重难点 5. 分组练习 6. 请动作较好的学生展示 学练法: 1. 听讲解,看示范 2. 分小组练习 教法: 1. 带领学生进入场地 2. 讲解游戏方法、规则 3. 示范一次 4. 组织学生游戏 学练法: 1. 铺设场地 2. 听讲解看示范 3. 进行游戏比赛	组织: 原地队形讲解 要求: 充满热情 积极参与游戏 富有竞争意识		8	中
结束部分	一、配乐放松简单的动作 二、总结评价 三、整理器材	教法: 1. 播放音乐,领做动作提示放松 2. 总结本次课的学习情况,再次提出口诀 3. 归还器材	组织: 原地队形 要求: 身心放松,模仿动作		4	小

续表

教学过程	教学内容	教与学的过程		组织与要求		运动负荷		
						次数	时间	强度
场地器材	操场,体操垫15块,球、盒子、图片各一张	安全措施	1. 充分做好热身准备 2. 提示教学安全注意事项	教学反思		准备活动时间太长,教学手段不多,练习次数少,学生纪律差		
练习密度	40%～45%	平均心率	120次/分钟					

点评:

　　本节课能突破重点,围绕难点开展好教学,引导得当,保护有方,学生练习密度较大,90%以上的学生掌握了动作要领。不足之处是:教师在安排准备活动时,应先做徒手操再做辅助练习小刺猬团灵敏练习。

点评教师:申映辉

二、立定跳远

授课年级:三年级　　　　　人数:40人　　　　　执教教师:杨晓菊

本课主题	立定跳远	教学重点	腾空收腹,落地屈膝缓冲
教学内容	1. 原地双脚跳跃:立定跳远(4-2) 2. 平板支撑	教学难点	腾空收腹
教学目标	1. 通过本节课学习,学生知道腾空收腹可以有效提升立定跳远成绩 2. 通过本课的学习;85%以上的学生原地双脚跳跃时,能够向不同方向跳跃时;做出一定通的腾收腹、落地平稳,10%的学生能够做到向上、向前表现出腾空收腹,落地平稳,发展学生上肢力量 3. 通过本课学习,培养学生积极挑战以及合作能力和评价能力		

续表

教学顺序	课的内容	组织、教法、学法与要求		运动量	
		教师活动	学生活动	次数	时间
开始部分	一、课堂常规 1. 集合，整队，师生问好 2. 宣布本课内容，安排见习生； 3. 学生画闹钟	1. 教师集合整队，向学生问好 2. 宣布本课教学内容，安排见习学生 3. 引导学生明确时钟方向，组织学生原地在地面画闹钟	1. 按教师要求指定地点四列横队集合，向老师问好； 2. 了解本课学习内容，因身体原因请假同学听从教师安排 3. 根据教师的指引，在地面画一个闹钟		3'
准备部分	二、慢跑热身与准备活动 1. 沿自己的闹钟进行慢跑 2. 观察别人的闹钟进行慢跑热身 3. 原地慢跑与跳跃 a. 秒针跑 b. 分针跳 c. 时针转 4. 模拟闹钟报时 a. 点头 b. 下蹲 c. 左右摇摆 d. 蹲跳起击掌	1. 引导学生沿自己的闹钟进行顺时针和逆时针慢跑 2. 引导学生在场地内观察其他同学的闹钟进行慢跑，提醒注意发生碰撞 3. 示范和指挥学生进行秒针跑、分针跳和时针转原地练习，注意方向准确 4. 示范和指挥学生进行报时徒手操，活动各个关节	1. 学生按照教师要求进行自主的沿闹钟慢跑，注意顺逆时针方向 2. 在教学场地进行慢跑，注意同学之间不要发生碰撞，相互之间要肯定 3. 按教师示范与要求进行秒针、分针、时针练习 4. 注重动作幅度与质量，充分活动各个关节	10 1 5 5 8～10 32	7'
基本部分	三、原地蹲跳 1. 原地收腹跳（15分钟） a. 自主跳 b. 教师示范原地收腹跳 c. 原地看谁跳得高	1. 教师引导学生自主原地向上跳 2. 教师示范原地收腹跳动作，指导学生原地模仿练习 3. 教师讲解动作要领，学习动作要领口诀，指挥学生集体练习	1. 自主跳，看示范，模仿教师动作进行原地练习，观察同伴以及老师动作 2. 按教师提示重点以及教师示范，进行集体练习	5～8 38～40	27'

教学顺序	课的内容	组织、教法、学法与要求		运动量	
		教师活动	学生活动	次数	时间
		4. 组织学生练习跳得快。提示学生下蹲以及前脚掌蹬地	3. 根据动作要领,大小腿夹紧,臀部低于膝盖	10～12	
		5. 讲解示范原地收腹跳的要领,组织学生进行"跳的高"比赛	4. 展示与评价自己以及同伴动作		
		6. 组织学生进行原地练习,重新提醒动作要领·			
基本部分	2. 收腹跳转体 a. 跳转 90 度 b. 跳转 180 度 c. 跳转 270 度	1. 示范原地收腹跳起转体,组织学生进行练习,提醒注意大小腿夹紧,臀部低于膝盖 2. 组织学生进行练习 3. 组织学生进行不同方向的转体练习,提示用手臂保持平衡 4. 组织学生进行展示	1. 看示范,自由尝试原地转体练习 2. 根据教师口令要求,跳准 3 点、6 点、9 点 3. 根据教师口令指挥,统一练习	16～20 10～20 6～8	
	3. 立定跳远 a. 向前跳 b. 向左跳 c. 向右跳 d. 向后跳	1. 讲解示范原地立定跳远的方法 2. 组织学生有目标性的向四个不同的方向跳	1. 根据教师口令要求,跳出 3 点、6 点、9 点、12 点 2. 蹬跳摆臂向四个方向跳的练习	10～12 8～10	

续表

教学顺序	课的内容	组织、教法、学法与要求		运动量	
		教师活动	学生活动	次数	时间
基本部分	4. 时针快快转俯撑,以脚尖为圆心,两手按教师提醒进行爬行练习	3. 要求腾空收腹,屈膝缓冲落地要稳 1. 教师示范动作,指导学生以俯撑准备 2. 口令指挥学生爬行几点,提醒学生注意手腕	3. 要求大小腿夹紧,落地要稳 1. 看示范,按教师要求进行俯撑准备 2. 按要求进行各个小时的爬行	8~10 3	
结束部分	六、放松与小结 1. 修理闹钟 2. 本课小结 3. 下课,师生再见	1. 教师指导学生进行放松活动 2. 进行本课小结,提示动作要领 3. 师生再见	1. 按教师提示进行放松活动 2. 小结本节课所学内容 3. 与老师再见	1	3′
场地器材	场地:蓝球场 器材:粉笔若干、地标若干				
平均心率	140~150 次/分	练习密度	38.2%~41.3%	运动强度	较大

点评:

    本节课,老师紧紧围绕闹钟开展教学,利用秒钟、分钟、时钟对应不同的动作练习,极大地吸引学生学习兴趣,教师引导学生探究不同的跳跃动作过程,也完成了立定跳远的辅助练习和立定跳远基本动作学习。这节课的设计新颖,学生能自主学习,课堂气氛好,不足之处是练习密度稍大,辅助练习时间稍长了些

点评人:申映辉

三、武术

学校	羊坪镇响水小学	班别	五年级	室外	第一课时	教师	高红梅

教学内容	1. 武术基本手型(拳、掌、勾)和辅助训练方法 2. 游戏:剪刀、石头、布

教学目标	1. 认知目标:80%的学生初步掌握武术基本手型和手法练习 2. 技能目标:正确掌握武术三种基本手型和手法练习 3. 情感目标:弘扬中华武术精神,促进师生交流,营造良好的教与学的氛围

重点难点	1. 基本手型:拳、掌、勾 2. 勾动作与名称熟练转换

教学过程	教学内容	教师活动	学生活动	运动负荷		
				数次	时间	强度
开始部分	一、课堂常规	教师提前到场,准备好场地、器材,等候上课	体育委员带领全班同学按约定地点集合,检查到班人数并向老师汇报出勤情况			
		一、体育委员整队集合报告人数 二、师生相互问好 三、宣布教学内容和要求 四、安排见习生、检查服装	组织队形: ×××××××××× ×××××××××× ○○○○○○○○○○ ○○○○○○○○○○ △ 1. 老师好 2. 认真听讲,明确学习内容和要求 3. 见习生按要求随堂听课,做力所能及之事 要求: 1. 集合队伍快、静、齐 2. 遵守武德,师生互敬	1	2~3	低

教学过程	教学内容	教师活动	学生活动	运动负荷		
				数次	时间	强度
准备部分	二、准备活动	一、热身运动 二、徒手操(4×8拍) 1. 头部运动 2. 肩部运动 3. 体转运动 4. 膝关节运动 5. 踝腕关节运动 三、素质练习 变步小跳练习	活动内容:热身运动 形式:集体练习 组织队形: ××××××××× ××××××××× ○○○○○○○○○ ○○○○○○○○○ △ 要求: 1. 严肃认真 2. 准备充分 3. 注意安全	1	6~8	低
基本部分	一、武术简介	一、武术简介: 武术是以技击作为主要内容,以套路和格斗为运动形式,注重内外兼修的中国传统体育项目 抱拳礼:左掌右拳,代表着以武会友,团结不骄傲的含义 预备姿势:双脚并拢,两手抱拳于腰间,拳眼向上,抬头挺胸,目视前方	一、注意力集中,认真听教师介绍,提高对武术的兴趣,习武就是习德 组织队形: ××××××××× ××××××××× △ ○○○○○○○○○ ○○○○○○○○○	3~4	20~24	中
	二、学习基本手型	二、基本手型 1. 拳 要点:四指并拢伸直、拇指屈紧扣于虎口处冲拳练习 2. 掌 要点:四指伸直并拢,拇指弯曲压住虎口	二、学习基本功组织教法: 1. 教师示范动作1~2遍。 2. 教师边示范边讲解动作 3. 教师口令指挥学生集体练习 4. 学生分组练习,教师个别指导			

教学过程	教学内容	教师活动	学生活动	运动负荷		
				数次	时间	强度
基本部分	二、学习基本手型	3. 勾 要点：五指第一指节捏拢在一起，屈腕 4. 听口令手法组合练习 a. 冲拳—推掌—勾手 b. 敬礼—预备—冲拳—推掌—勾手—收势—敬礼	5. 纠正错误动作，强调动作要领 6. 学生再集体进行练习			
基本部分	三、游戏	三、游戏:剪刀、石头、布 1. 宣布游戏规则： 手型猜拳 掌—布 勾—剪刀 拳—石头 2. 示范 3. 组织学生做游戏	规则： 采取三局二胜制输的一方要进行"奖励"集体表演一次 要求： 1. 动作准确、到位，反应灵敏 2. 遵守游戏规则 分组练习 要求： 掌握所学动作的同时，力求动作的准确性	1		中
结束部分	一、放松练习	一、课课练 二、进行放松练习 三、小结并表扬学生，布置课后练习 四、师生互行抱拳礼再见	一、进行放松练习 组织队形： ×××××× ×××××× ○○○○○○ ○○○○○○ △ 要求： 1. 调整呼吸，放松肌肉	1	3～5	低

续表

教学过程	教学内容	教师活动	学生活动	运动负荷		
				数次	时间	强度
结束部分	二、小结本节课的情况 三、师生再见		2.积极进行自我锻炼,养成自觉进行体育锻炼的习惯。 二、认真听教师对本节课的讲评,进行自我评价 三、师生再见			
场地器材			学校操场			

点评:

　　普通话较好,示范动作规范,刚劲有力,大多数学生掌握到了"拳""掌""勾"的基本手型。队伍调动有序,但教材稍简单,课堂气氛不够活跃,教学手段单一,运动负荷小

点评人:申映辉

四、足球脚背正面运球

授课教师	杨光选	单位	锦屏县固本小学	上课时间	2018年10月	地点	运动场
教学对象	6年级班	人数	40人		课次		
教学内容	足球脚背正面运球						
教学目标	认知目标:学生知道脚背正面运球完整技术的动作要领、方法 技能目标:80%学生能掌握脚背正面运球的技术动作和方法 情感目标:培养学生自信、积极向上的良好心态,增进学生勇敢无畏的精神品质						
重点难点	重点	推、拨球动作协调自然,用力适宜		难点	在跑动中运球		

续表

课的部分	课的内容	教师活动	学生活动	组织示意图	练习	
					次数	时间
开始与准备部分	一、课堂常规 1. 体育委员整队集合,报告人数 2. 师生问好,课堂点名 3. 教师检查着装,安排见习生活动 4. 通过让学生思考:在这个世界上,哪项运动被人类称之为世界运动。来导入本课主题:足球。通过提问,同学们想不想学习足球,来引出本课课题:脚背正面运球 二、热身部分 1. 进行绕球慢跑。各种姿势跑 2. 做足球操 3. 球性练习 方法:教师领跑,学生听从指挥 规则: 1. 不得喧哗、吵闹、注意安全 2. 听从指挥	组织: 1. 教师提前到场,准备场地器材 2. 接受体委报数,向学生问好 3. 口令指挥 4. 宣布课的内容要求 5. 检查服装,安排见习生(安全问题) 组织: 1. 调动全班成三列横队集合。教师带领学生做拉伸热身运动	组织: 1. 体育委员整队,检查人数,向教师报告 2. 向教师问好 3. 要求学生认真听,积极参与热身活动 4. 见习生应随堂听课。见习生负责捡球	☺☺☺☺☺ ☺☺☺☺☺ ☺☺☺☺☺ ● xx　　　xx xx　　　xx xx　△　xx xx　　　xx xx　　　xx		10分钟

191

续表

课的部分	课的内容	教师活动	学生活动	组织示意图	练习	
					次数	时间
基本部分	熟悉球性练习 1. 原地踩球练习 2. 左右交替踩球练习 3. 左右脚来回拨球 二、新授:脚背正面运球 一、讲解示范脚背正面运球 1 动作要领:跑动时身体放松并前倾,重心低、步幅小,运球脚提起时,膝关节微屈、脚跟提起、脚尖下垂、迈步倾前着地时、用正脚背推拨球 三、直线运球练习 四、脚背正面直线运球接力赛(游戏规划略)	组织: 调动全班成三列横队集合 教法: 1. 教师动作示范,语言讲解动作 2. 口令指挥,调动学生 3. 纠正学生错误动作 4. 请技术作好的同学出来做示范再讲解、纠正 要求: 1. 动作示范正确,讲解技术要领清楚,声音洪亮 组织: 1. 讲解示范脚背正面运球要领 2. 一人一球,一步一触球 3. 一人一球,三步一触球 要求:游戏时要用正确的运球方法	学法: 1. 学生看示范、听讲解、了解动作技术及重点难点 2. 模仿老师动作,积极练习 要求: 1. 认真听讲解看示范。自己开动脑筋想技术动作。学法: 1. 看老师示范讲解、明确动作要领 2. 一人一球,听老师口令,积极尝试 3. 相互讨论,积极展示 学法: 1. 积极参与直线运球练习和曲线绕桩练习 4. 运球练习中注意动作的协调性			25分钟

续表

课的部分	课的内容	教师活动	学生活动	组织示意图	练习	
					次数	时间
结束部分	一、放松活动 1. 静力拉伸腿 2. 抖动放松手臂 3. 拍拍大腿小腿 二、小结 本次课小结,讲评,及时表扬先进,鼓励后进 三、收拾器材 四、师生再见	组织: 全班集体进行 教法: 1. 采用语言提示和镜面示范 要求: 声音洪亮 要求: 小结简明扼要	学法: 跟教师一起做,课后归还器材 要求: 尽量放松 积极发言,与师道别	☺☺☺☺☺ ☺☺☺☺☺ ☺☺☺☺☺ ●		5分钟
场地器材	足球 41 个、标志桶 41 个		负荷预计	练习密度 40%～45% 平均心率 110～130/分钟左右		

点评:

　　本节课的教学、教师能突破重点,抓住难点进行有序教学,方法灵活,学生易学,游戏有趣,学生兴趣高涨,同学之间能自主探讨,主动学习。是一堂较为成功的足球课

点评人:申映辉

五、篮球原地运球

单手高低运球

学校：翁座小学　年级：小学四年级　执教教师：王伟

教学内容	篮球原地运球：《单手高低运球》		
教学目标	1. 认知目标：学生能认识到篮球运球在篮球运运中的重要性，并初步领会动作要领 2. 技能目标：使学生熟练掌握并学会篮球原地运球的动作，学生能分清楚高运球及低运球 3. 情感目标：培养学生的竞争意识，以及观察思考问题的能力，团结协作能力，增进集体意识		
重点	高运球手臂用力，低运球手腕用力。		
难点	高低运球目视前方，运球稳定。		

课的部分	时间	教学内容	组织教法	运动量
开始部分	15	一、课堂常规 1. 体育委员整理队伍，检查人数、服装、汇报 2. 师生问好 3. 宣布上课内容 4. 安排见习生 二、热身活动 游戏：报数抱团 三、徒手操 1. 头上绕球 2. 腰围绕球 3. 指拨球 4. 左右手抛接球 5. 膝下8字绕环 6. 弓步压腿	学生认真听教师口令，明确教学内容及目标。 1. 学生围圈跑动，教师喊数，就近的同学按照教师口令数字相互抱团，落单的同学给出相应的惩罚。 ♀ ★ （前排侧平举、后排前平举成体操队形散开） 学生认真做球操	中

194

课的部分	时间	教学内容	组织教法	运动量
基本部分	20	一、基本内容： （一）了解原地运球动作方法： 高（低）运球动作要领： 两脚前后开立，脚尖朝前，两腿微（弯）曲，上体稍前倾，目平视；五指自然分开，手心空出，用手指和指根部位控球；肘关节自然弯曲，以肘关节为轴，大臂带动小臂上下摆动，拍球的正上部 （二）运球练习 原地高低运球练习 口令：两脚前后站立 　　　屈膝五指张开 　　　大臂带动小臂 　　　上下拍球上部 （三）看数运球练习： 集体练习高低运球，当学习在运球情况下，抬头不看球，时刻注意教师手指上的数字变化，教师以手指表示数字的变化，学生快速准确地运球几次 小游戏：运球接力游戏 男女分成四组，有男生有女生，男生胯下八字绕环前进，球不能落地。女生高远球前进，绕过标志杆回来与同学击掌下一位同学才可以出发	♀ ♀ ♀ ♀ ♀ ♀ ♀ ♀ ♀ ♀ ♀ ♀ ♀ ♀ ★ ♀ ♀ ♀ ♀ ♀ ♀ ♀ ♀ ♀ ♀ ♀ ♀ ♀ ♀ ♀ ♀ ♀ ♀ ♀ 1. 看教师动作示范 2. 集体练习，分组练习，练习时集中注意力，琢磨技术动作，建立正确的动作概念 3. 互相观察，纠正，学习 4. 教师巡查，纠正错误 5. 请学生做示范 6. 集体练习，练习时集中注意力，琢磨技术动作，建立正确的动作概念 ♀ ★ 学生看教师的手指伸出的根数进行运球，是几就运几次球	中 大

课的部分	时间	教学内容	组织教法	运动量
结束部分	5	1. 收回体育器械,学生集合 2. 整理放松 3. 小结本课 4. 宣布课后练习,下课	♀ ★ 放松时,教师语言提示: 1. 甩臂、抖腿 2. 精神意念放松 组织队形	小
平均心率	130 次/每分钟		场地器材	篮球场 篮球 40 个

点评:

　　本节课教师紧紧围绕不同姿势的运球,带领学生从简到难的练习运球动作,并鼓励学生间相互观察、琢磨、学习到正确的运球动作,同时培养了学生的竞争意识,互助意识,团结协作的能力,很好地完成了课的任务,是一堂难得的好课

点评人:申映辉

六、气排球正面双手垫球

学段	水平三	班级	五(2)班	时间	2019 年 5 月 5 日	执教者	郜励
学习内容	1. 排球:正面双手垫球 2. 游戏:20 秒钟自垫球比赛						
课时	第 1 课时						
教学目标	1. 认知目标:使学生能够明白,正面双手垫球的运作要领,并能做出正面双手垫球的正确运作 2. 运动技能目标:使学生熟练地掌握气排球下面双手垫球的运作技能,通过初步练习提高运动水平 3. 情感目标:积极培养学生体验参加体育活动的乐趣,提高健康水平,形成乐观开朗的生活态度,奠定终身体育锻炼基础						

续表

学段	水平三	班级	五(2)班	时间	2019 年 5 月 5 日	执教者	郜励

教学重点	1. 掌握正确的击球点 2. 击球时两手臂伸直、夹紧、提肩

教学难点	1. 击球时腿蹬地,身体重心前移 2. 上肢和下肢协调用力

课堂步骤	学练内容	教师活动	学生活动	组织队形
创设学习环境 2分钟 舒心热身 6分钟	一、课堂常规: 1. 组织集合,清点人数 2. 师生问好 3. 案例教育与提示 4. 宣课 二、快乐跑步: (跑步操音乐)绕篮球场有节奏地慢跑 三、热身操: a. 扩胸运动 b. 振臂运动 c. 肩部运动 d. 腰部运动 e. 踝腕关节活动 f. 跳跃运动	1. 检查常规 2. 师生问好 3. 宣布本课的内容、目标与要求 4. 安排见习生 1. 教师讲清方法 2. 带领学生进行 3. 要求学生前后保持一定的距离 1. 教师提出练习要求 2. 教师带领做操	1. 认真听课 2. 向老师问好 3. 学生认真听讲,进入角色 1. 学生随老师提示练习 2. 注意力集中,保持与前面同学间的距离 3. 口号响亮 1. 学生随指定同学的口令节奏进行热身操练习 2. 做操动作舒张有力,幅度大	组织队形: ○○○○○○○○○○ ○○○○○○○○○○ ●●●●●●●●●● ●●●●●●●●●● ☆ 要求: 1. 快、静、齐。 四列横队(体操分散队形): ○○○○○○○○○○ ○○○○○○○○○○ ●●●●●●●●●● ●●●●●●●●●● ☆ 要求: 1. 精神饱满,情绪活跃 2. 动作到位

课堂步骤	学练内容	教师活动	学生活动	组织队形
一、新课学习 20 分钟	教学内容： 一、气排球正面双手垫球 1. 准备姿势：两脚分开与肩宽，其中一脚向前两膝微屈成半蹲，后脚跟微抬起，双手放在体侧边（膝关节过脚尖、肩过膝关节、两眼平视） 2. 手型：两手交叉成叠握，拇指并拢手腕压，用力夹肘不放松 3. 触击部位：腕关节以上 10 厘米桡骨内侧平面 4. 用力的顺序：两脚自下而上蹬伸，两臂随着摆动臂前触球。身体重心稍向前	1. 引导式教学： a. 启发学生思考，教师亮出图片让学生看一看，引进学生进入课堂，激发兴趣 b. 师生互动交流，让学生认识气排球 2. 学生探究学习，自己尝试，体验学习 3. 教师点评学生的尝试学习效果，进行评价 4. 教师边讲解边示范正面双手垫球的准备姿势、手型、触球部位和用力的顺序。让学生了解垫球的要领 5. 组织学生原地徒手模仿注意：垫球练习要注意协调用力，动作不要脱节，明确击球的部位 6. 自抛自垫练习 7. 优秀学生展示 8. 两人一组，一抛一垫练习（相距远度逐渐增加）	1. 学生开动脑筋，大胆探索，认真观察老师的动作，从中受到启发，探究练习 2. 学生细心观察，积极发言，找出不同 3. 认真听讲，细心观察示范，明白正面双手垫球的动作要领和要求，记清口诀，尝试模仿教师动作进行练习 4. 记住要领，认真练习，体会动作 5. 互评互学，改进提高各自的动作 6. 垫球高度要过头 7. 向表现好的同学学习，继续认真练习 8. 球要抛准，尽量固定抛球的高度、速度及落点，垫球人用原地正面垫球的动作将球垫回	教学场地：蓝球场 集中练习图示： ○○○○○○○○○○ ○○○○○○○○○○ ●●●●●●●●●● ●●●●●●●●●● ☆ 散点练习图示 ○○○○○○○○○○ ○○○○○○○○○○ ●●●●●●●●●● ●●●●●●●●●● ☆

课堂步骤	学练内容	教师活动	学生活动	组织队形
		9. 集中讲评,给予表扬,并指点个别同学的不足之处,以提高技艺,同时激励其他同学好好练习 10. 点评后的再次练习	9. 自评互评,找出不足,努力改正 10. 各小组选出的同学勇于表现,展现自我	集中练习图示: 要求: ○○○○○○○○○ ○○○○○○○○○ ●●●●●●●●● ●●●●●●●●● ☆ 1. 认真听讲 2. 积极练习
二、游戏活动(6分钟)	二、游戏: 20 秒钟自垫球比赛: 方法:在 20 秒钟时间内,每人一球连续垫球,看谁垫起来的次数最多,不限高度,集体比赛 1~2 次;小组比赛 1~2 次	1. 教师讲解游戏规则和方法 2. 组织游戏比赛 3. 评议各小组的表现,及时表扬与鼓励 3. 看哪组完成得又快又好	1. 听清游戏规则和方法 2. 积极参与游戏,并为同学加油助威	游戏比赛图示: (散点) ○○○○○○○○○○ ○○○○○○○○○○ ●●●●●●●●●● ●●●●●●●●●● ☆ 目的: (1)提高学生的学习兴趣,进一步提高控制球的能力 (2)给学生自我展示练习成果,调动学生学习积极性 (3)教师及时发现优生,有针对性地进行培养

续表

课堂步骤	学练内容	教师活动	学生活动	组织队形
放松身心（4分钟）	1. 放松活动 2. 交流分享 3. 收心下课	1. 教师和学生一起整理放松（音乐：让我们荡起双桨） 2. 学生自评互评，教师小结归纳 3. 安排学生收还器材 4. 师生再见，宣布下课	1. 学生跟随老师一起放松 2. 自我评价学习情况，学生交流体会 3. 认真听讲	组织队形： ○○○○○○○○○ ○○○○○○○○○ ●●●●●●●●● ●●●●●●●●● ☆ （体操密集队形）
练习强度		平均心率：110～130次/分钟　　练习密度：32～36％		
器材准备		1. 蓝球场一块　2. 气排球10只 3. 纸图片若干　4. 小蜜蜂一台		

点评：

　　该教师把气排球引入课堂，运动量适中，危险系数小，受到学生喜爱，老师在教学中注重细节，教学规范，充分引导学生小组合作学习，课堂气氛在后半节课活跃起来，不足之处是游戏较乱，没能控制好规范行为

点评人：申映辉

参考文献

[1]王丽宁.将"戳脚"拳种引进衡水市桃城区小学体育课程的研究[D].河北师范大学,2017.

[2]李俊俊,刘静.民族传统体育项目进入小学校园的价值与实现路径研究——以舞龙运动为例[J].当代体育科技,2020,10(01):201-202.

[3]夏成前,范成香,成效钝,等.小学选择民族传统体育内容及教学实践的研究[J].湖北体育科技,2015,34(12):1099-1102.

[4]周栋梁.民族传统体育项目纳入小学体育课程资源的可行性分析[J].体育世界(学术版),2018(07):101-102.

[5]叶欢.民族传统体育项目纳入小学体育课程资源的可行性研究[J].搏击(武术科学),2013,10(07):97-98+102.

[6]邹德健.毽球在小学体育特色项目建设中的价值初探[J].课程教育研究,2014(02):216-217.

[7]邵伟德.体育教学模式论[M].北京:北京体育大学出版社,2005.

[8]李琳.民族传统体育文化融入小学课堂的实证研究——以"五禽戏运动养生课程"为例[J].体育教学,2019,39(01):67-69.

[9]熊健,刘义峰.中小学体育教材教法[M].北京:化学工业出版社,2019.

[10]雷建英.小学体育课开展现状、问题与对策分析[J].课程教育研究,2019(05):206-207.

[11]岳月.小学体育课开展现状、问题与对策研究[D].渤海大学,2017.

[12]崔洁,贾洪洲,刘超,等.基础教育体育与健康课程改革的理论基础及其体现[J].北京体育大学学报,2019,42(03):121-129.

[13]蔡皓,王立新.上海市小学体育兴趣化课改方案精选[M].上海:学林出版社,2018.

[14]黄强.开展阳光体育,打造高效课堂——小学体育教学初探[C].中国教育发展战略学会教育教学创新专业委员会.2019全国教育教学创新与发展高端论坛论文集(卷三).中国教育发展战略学会教育教学创新专业委员会:中国教育发展战略学会教育教学创新专业委员会,2019:145-146.

[15]高婷婷.开展阳光体育,打造高效课堂——小学体育教学初探[J].读与写(教育教学刊),2019,16(08):179.

[16]陈旺霞.开展阳光体育,打造高效课堂——小学体育教学初探[J].学周刊,2018(31):140-141.

[17]方士娟.校园运动安全管理与教育[M].长春:吉林出版集团有限责任公司,2012.

[18]蔡巧娟.体育游戏在小学体育教学中的应用[J].西部素质教育,2020,6(09):64-65.

[19]谭黔.体育场地与设施[M].北京:北京师范大学出版社,2008.

[20]陈融.体育设施与管理[M].北京:高等教育出版社,2004.

[21]李腾.小学体育场地和器材的开发与应用[J].中国教育技术装备,2019(15):36+40.

[22]毛振明.小学体育教师专业能力必修[M].重庆:西南师范大学出版社,2012.

[23]周浩然.简论"立德树人"理念下小学体育课堂教学中的德育渗透[J].青少年体育,2020(01):37-38+43.

[24]张振华.体育教学理论与方法[M].北京:北京师范大学出版社,2016.

[25]杨文轩,张细谦,邓星华.学校体育学[M].北京:高等教育出版社,2016.

[26]陈连新.小学体育教学评价存在的问题及策略[J].西部素质教育,2018,4(05):208-209.

[27]刘杰.小学体育教学特点分析[J].中国校外教育,2016(04):107.

[28]宋博.中学生体育课程教学现状及改善措施[J].当代体育科技,2018,8(23):82+84.

[29]张立伟,孟情情,刘欣.新时期高校体育课程教学改革与发展分析[J].当代体育科技,2020,10(08):128+130.

[30]熊浩.体育教学观念的更新与体育课程改革[J].花炮科技与市场,2020(01):183.

[31]蒋新国.体育教学原则新论[D].湖南师范大学,2004.

[32]曾永忠,董伦红.高职体育课程体系改革与构建研究[M].武汉:华中师范大学出版社,2009.

[33]张磊,蒋荣.体育教学模式基本属性的系统分析[J].南京体育学院学报(社会科学版),2008,22(06):106-110.

[34]刘忠.小学体育教学模式创新研究[J].内江科技,2020,41(04):

142-143.

[35]靳子豪.中小学体育教学模式改革方法研究[J].当代体育科技,2018,8(28):98+100.

[36]孙丰振.小学体育教学模式创新分析[J].中国校外教育,2019(05):10+20.

[37]张玲.浅析如何有效创新小学体育教学模式[J].读与写(教育教学刊),2016,13(08):253.

[38]何丹.情景教学模式在小学体育课堂中运用探索[J].中国新通信,2020,22(02):197.